走进青海
历史文化丛书

商贸互市

青海省地方志编纂委员会办公室　编
崔永红　张生寅　著

青海人民出版社

图书在版编目（CIP）数据

商贸互市 / 青海省地方志编纂委员会办公室编；崔永红，张生寅著．-- 西宁：青海人民出版社，2023.2
（走进青海历史文化丛书）
ISBN 978-7-225-06431-4

Ⅰ．①商… Ⅱ．①青… ②崔… ③张… Ⅲ．①商业史—青海—古代 Ⅳ．① F729

中国版本图书馆 CIP 数据核字（2022）第 208970 号

走进青海历史文化丛书

商贸互市

青海省地方志编纂委员会办公室　编
崔永红　张生寅　著

出 版 人	樊原成
出版发行	青海人民出版社有限责任公司
	西宁市五四西路71号　邮政编码：810023　电话：（0971）6143426（总编室）
发行热线	（0971）6143516 / 6137730
网　　址	http://www.qhrmcbs.com
印　　刷	陕西龙山海天艺术印务有限公司
经　　销	新华书店
开　　本	787 mm × 1092 mm　1/32
印　　张	8.25
字　　数	135 千
版　　次	2023年2月第1版　2023年2月第1次印刷
书　　号	ISBN 978-7-225-06431-4
定　　价	36.00 元

版权所有　侵权必究

《走进青海历史文化丛书》编纂委员会

主　　任：杨松义
委　　员：李泰年　云公保太　董得华　刘淑青
　　　　　马　渊　师玉洁
总 策 划：杨松义
执行策划：师玉洁　戴发旺
主　　编：杨松义
副 主 编：李泰年　云公保太

出版说明

文化是民族的精神命脉。坚定的道路自信、理论自信、制度自信，其本质是建立在悠久的文明传承基础上的文化自信。不忘历史才能开辟未来。习近平总书记指出，"优秀传统文化是一个国家、一个民族传承和发展的根本，如果丢掉了，就割断了精神命脉。我们要善于把弘扬优秀传统文化和发展现实文化有机统一起来"，"努力实现传统文化的创造性转化、创新性发展，使之与现实文化相融相通，共同服务以文化人的时代任务"。青海是中华民族和中华文明的重要发源地，青海的历史，见证了中国历史的久远；青海的文化，丰富了中华文化的内涵。建设富裕文明和谐美丽新青海，既需要一代又一代人的接续奋斗，更需要在汲取历史养分中找方向、找动力、找信心。

地方志纵览史实，横陈百科，明远详近，信今传后，既是中华优秀传统文化的重要组成部分，又是中华优秀传统文化世代相继的重要载体。从20世纪80年代至今，经过几代方志人的不懈努力，全省形成了卷帙浩繁的方志文化成果，构成了一座以地情为重要内容并不断丰富发展的地方志资源宝库，在保存历史、传承文明、繁荣文化、促进发展等方面发挥了重要作用。进入新时代，更好地发挥地方志存史育人资政的功能，必须紧紧抓住深刻阐释优秀传统文化、大力弘扬优秀传统文化这个全部工作的着眼点和发力点。

《走进青海历史文化丛书》是青海省地方志编纂委员会办公室组织编纂的地情文化丛书，以普及青海地方历史和优秀传统文化为宗旨，坚持编纂质量和社会效益第一，突出系统、真实、生动、简明的特点，具有较强的知识性、趣味性、可读性。期望本丛书的出版能进一步坚定全省各族人民的历史自信、文化自信，以史为鉴，继往开来，把可爱的青海建设得更加美好。本丛书是在2004年青海省地方志编纂委员会办公室策划编纂的《青海史话》的基础上，经过原编著者认真打磨、反复修改形成的。在编纂过程中，吸收了史学界、文化界最新的研究成果，在此一并致谢。

丛书编辑组
2022年10月

目录

引言   一

丝路贸易   六
  一、丝路贸易的创始与初步发展   六
  二、丝路贸易进入鼎盛期——吐谷浑道的
      构成与利用   二五
  三、丝路贸易的复兴与渐趋衰落   五九

茶马互市   七九
  一、漫长的起点   八〇
  二、鼎盛之气象   八七
  三、从成熟走向终结   一〇三
  四、茶马古道的具体线路   一一二

贡赐贸易与边关互市   一一九
  一、贡赐贸易   一一九

二、边关互市　　　　　　　　　　　　一三四

民间贸易　　　　　　　　　　　　　　一五二
　　一、蹒跚迈步时期——远古至元代　　　一五三
　　二、加快发展时期——明至清后期　　　一六五
　　三、日益兴盛阶段——清末民国时期　　一七六

对外贸易与军阀所办商业　　　　　　　一九五
　　一、近代的洋行与对外贸易　　　　　　一九五
　　二、地方军阀兴办的官僚资本商业　　　二〇一

近代的商人与商人组织　　　　　　　　二一九
　　一、山陕商帮　　　　　　　　　　　　二一九
　　二、本地商人　　　　　　　　　　　　二三〇
　　三、商人同业组织　　　　　　　　　　二四一
　　四、经营管理方式　　　　　　　　　　二四七

主要参考文献　　　　　　　　　　　　二五一
后记　　　　　　　　　　　　　　　　二五三

引言

商业是国民经济的一个重要部门，它是联结各行各业的纽带，也是联结生产和消费的桥梁。现代社会商业非常发达，渗透到各个领域，与人们的生产生活息息相关。随着全球经济一体化的迅速发展，商业很方便地在更广阔的范围进行。生活在21世纪的我们，享受着商业发达带来的种种便利，我们这些现代人离开商业几乎无法生存。然而，历史上青海的商业是怎样的一种状况呢？

这本小册子就为大家简要讲述古代、近代青海商业产生、发展、演变的历史。青海是祖国不可分割的一部分，青海商贸互市的历史是中国商业史的一部分，二者是局部与全局的关系。历朝历代青海实行的商业政策基本上是全国性的商业政策，但由于青海有其自身的许多区域性历史特点，发生在青海的许多商业现象又具有鲜明的地方特色，有些在全国其他地方未必能见到。

距今四五千年前，原始的交换行为已在青海先民中发生。春秋后期，当我国的金属铸币在中原地区尚处于刚刚萌芽阶段的时候，青海羌人却已有了金贝、铜贝等原始钱币，令人惊讶，刮目相看。西汉至民国时期，历朝历代发行的主要货币，基本上都在青海有发现或有在此地流通的记载。要想大略了解一下各代的钱币是什么样子，比如古代的方孔铜钱，近代的银两、银元、铜元、制钱、钞票等，以及它们相互间的关系，不同时期物价怎么样，阅读这本小书，就能大致得到解决。

丝绸之路是古代中国与中亚、西亚、印度、北非、南欧等地相互交往的通道，它不仅是东西商业贸易之路，而且是中国和亚欧各国间政治往来、文化交流的通道，是东西交往的友好象征。丝绸之路青海道初创于史前，约形成于东周时期，南北朝至唐朝时期，尤其是公元5—9世纪，青海道因"吐谷浑道""唐蕃古道"的兴起而进入鼎盛期，一度发挥了中西陆路交通主干道东段主线的作用，为中西经济文化交流做出了伟大贡献。北宋时期，唃厮啰政权管辖青海地区，青海道又以"青唐道"之名复兴，持续近百年。此后，丝绸之路日趋衰落。蒙元时期，东西驿路一度通畅，丝路又繁荣一时。明清时期实行"闭关锁国"政策，包括青海道在内的古丝绸之路更趋衰落。

今青海省所辖广大区域，古代时期一部分（东部农业区）归中原王朝直接管辖，一部分则属于"塞外"之地，即并不归当时中央王朝直接管理。中央王朝同不归其直接管理或只是实行"羁縻"制松散式管辖的少数民族进行贸易，一般采取定期开放边关互市的方式。双方关系好时，按期开市，互通有无；关系恶化时，往往关闭互市，断绝贸易。边远少数民族或少数民族政权定期或不定期赴中央王朝觐见，贡献土特产，以表达愿守臣礼的忠心；帝王则给这些首领或首领派来的使者赏赐丝绸、茶叶、金钱、衣帽等。这种"贡"和"赐"主要体现的是政治上的君臣隶属关系，但同时也是商业性物资交流的一种重要方式，贡使们返回时大都顺便从内地采购大量商品回到青海来。这样的贡、赐行为可称之为"贡赐贸易"。

茶马互市在我国前后延续了近千年，在历史上产生过重大影响。青海是实行茶马互市的重点地区，但唐、宋、明、清各代茶马互市的制度、交易的方式、频率、茶马比价等各不相同，各有特点。为什么要实行茶马互市？茶马互市发生过哪些变化？后来茶马互市停止实行又是为什么？读了这本小书你就明白了。

青海商业产生和发展的历史悠久，但发展速度慢，长期以来所呈现的特点是市场少、商人少、商品种类单调、物流不畅、物价昂贵，特别是内地产的手工业品因运输线长、交通不便，价格尤其昂贵。在这种状况下，商业对生产与消费的联结和纽带作用发挥得不明显，人们生产、生活极感不便。直到清乾隆以后，情况才发生了变化。这一时期，正值我国封建经济比较繁荣的"康乾盛世"，青海也出现了好的发展局面。这时候，随着人口的增多，交通状况的改善，经济社会的发展，商业逐渐繁盛起来。嘉庆、道光之际，湟源地区（当时叫丹噶尔）成为远近闻名的商业中心。据《丹噶尔厅志》记载，当时此地"商业特盛，青海、西藏番货云集，内地各省客商辐辏，每年进口货价值百二十万两之多"，"丹民衣食，仰给农业者半，仰给工商者亦半"。这里作为西北地区民族贸易的枢纽，商品吞吐量一度远远超过西宁。近代以来，随着"洋行"的设立，外国商业资本进入青海，大量收购青海羊毛，"西宁毛"一度畅销国际市场，享誉全球。马步芳家族在青海发展壮大其政治、军事实力的同时，靠兴办商业壮大其经济实力。军阀办商业，有一般商人无法与之相比的优势，他们利用特权，打着政府、军队的旗号，垄断经营，超经济盘剥,使官僚资本商业迅速膨胀起来。官僚资本商业的畸形发展,排挤、扼杀中小民营商业,阻碍了青海商业的正常发展。

青海商业历史材料庞杂,内容丰富,不是一本小书就能详尽反映的。这本小书能做到的,只是用简明通俗的语言,交代清楚青海商贸互市发生、发展的粗略线条而已。

丝路贸易

一、丝路贸易的创始与初步发展

丝绸之路是古代中国与中亚、西亚、印度、北非、南欧等地相互交往的通道，它不仅是东西商业贸易之路，而且是中国和亚欧各国间政治往来、文化交流的通道，是东西交往的友好象征。"丝绸之路"一词最早是由德国地理学家费迪南·冯·李希霍芬于1877年提出来的，原指两汉时期中国与中亚河中地区（指锡尔河和阿姆河流域以及泽拉夫尚河流域，包括今乌兹别克斯坦全境和哈萨克斯坦西南部）以及印度之间以丝绸贸易为主的交通路线。其后，德国历史学家A·赫尔曼把丝路延伸到地中海西岸和小亚细亚，确定了丝绸之路的基本内涵。几千年来，这条古代中国与西方交往的通道在世界历史上留下了光辉灿烂的一页，而且随着人类社会的发展，它将继续对东西方经济文化交流与发展产生深远影响和积极的推动作用。特别是2013年习近平主席提出"一带一路"倡议，迅速得到丝绸之路沿线众多国家的积极响应，古丝绸之路被赋予新的含义，焕发出新的活力，必将产生更大的经济社会效应。

中西陆路交通主干道一般以今甘肃、青海两省与新疆维吾尔自治区的毗连处作为界线，划分为东段、西段。东、西段均有多条线路。东段大体可划分为中、北、南三条支线，青海道是主干道东段经过青海地区的通道，也就是南支线的主体，具体是指自东段起点西行经湟水流域、青海湖、柴达木盆地，与中西陆路交通主干道西段相衔接的道路。丝绸之路青海道是丝绸之路的有机组成部分，由于战争和割据等原因，中支线河西走廊丝道偶尔会出现中断现象，届时，青海道等支线便取而代之，发挥主干道的作用。

今天，当我们回过头来探寻曾经繁忙的丝绸古道和活跃的丝路贸易时，似乎很难将它与地处青藏高原东部、偏僻荒凉的青海联系到一起。因为在大多数人的记忆中，丝绸之路常常和张骞、汉武帝、班超以及长安（今陕西西安）、河西走廊、西域等一些人们耳熟能详的人名和地名联系在一起，荒凉落后的青海似乎与丝绸之路离得十分遥远。其实，大量的历史记载和出土文物告诉我们，丝绸之路青海道的存在历史是很悠久的，尤其是每当丝绸之路东段的主要干线河西走廊被阻断而无法通行时，河西走廊南部的青海就成了连接丝绸之路和沟通中西贸易的一条主要干道，后人称为"青海道"或"青海路"。先后居住和生活在青海地区的羌人、吐谷浑、吐蕃等少数民族，顺天时因地利，在繁忙的丝路贸易中充当着非常活跃的中介者，为丝绸之路的畅通和繁荣做出了积极的贡献，在青海商业贸易史上谱写了千古流芳的历史佳话。

丝绸之路青海道的初创

"丝绸之路青海道"，顾名思义，就是中西陆路交通主干道东段经过青海地区的通道，具体是指先秦以来自东段起点西行经湟水流域、青海湖、柴达木盆地，与中西陆路交通主干道西段相衔接的道路。丝绸之路青海道的开创历史很早，史前时期古青海道已有雏形。

丝绸之路的开辟，并非如人们所熟知的始于汉代张骞的通使西域或丝绸贸易的出现，实际上可追溯到更早。丝绸之路青海道是古代青海先民长期辛勤开拓的结果。史前时期丝绸之路青海道已有雏形。考古发现表明,距今约3.7万年左右的旧石器时代晚期,青海就有了最早的先民,茫崖市冷湖镇一号地点发现了他们制造的石核和石叶等石器。① 距今3万年的先民们打制的石器已在小柴旦湖滨发现,其石器的组合和加工方法的风格证明他们来自华北地区。他们逐水草而居,进行狩猎、采集等生产活动,在柴达木盆地、江河源头、青海湖沿岸、河湟谷地、祁连山下留下了其足迹。在先民们为了生计迁徙奔波于高原大地的同时,踩踏出了许多比较固定的道路,产生了青海最原始的交通。这些比较固定的交通线路的出现,为此后丝绸之路青海道的开通打下了初步的基础。

至迟到了铜器时代,中西经济文化交流就开始了。这时候,随着生产力的不断发展,生活在青海的先民们与外界的交往多了起来,贯穿青海全境乃至远达中原、西域的交通线路也被慢慢开辟出来,一些简单的交通工具也随之出现。距今4000年前的古青海道应该叫"玉之路""铜之路"。例如齐家文化喇家遗址出土的"磬王"(磬是古代用玉或石做成的一种打击乐器。喇家遗址出土的磬是目前国内形制最大

---

① 参看高星、周振宇、关莹:《青藏高原边缘地区晚更新世人类遗存与生存模式》,《第四纪研究》2008年第6期一文。

的,故称为"磬王"),以及其他众多玉器,据专家考证,其材料"均带有西部玉料的特征。经初步观察鉴定,认为属于广义的昆仑山玉,很可能玉料来源于昆仑山东麓的格尔木,也就是广义的和田玉"①。

青海贵南县出土的形制类同的齐家文化铜镜在新疆维吾尔自治区也多有发现,特点均是呈圆形薄片,边缘上穿单孔或并列2—3个小孔,或可作为佩饰之用。塞伊玛-图尔宾诺文化是广布欧亚草原东部的一种青铜时代考古学文化,其年代大致为距今4000至3000余年。广布祁连山南北的齐家文化和塞伊玛-图尔宾诺文化有密切关系。青海西宁市沈那齐家文化遗址出土的大型倒钩铜矛(长61.5厘米、宽19.5厘米)与塞伊玛-图尔宾诺文化同类典型器很相似。青海大通县文物管理所也藏有一件塞伊玛-图尔宾诺式倒钩铜矛(长34.2厘米、宽11.4厘米,其形制与沈那遗址出土倒钩铜矛大致相同)。② 这些青铜器物的发现也是丝绸之路开辟很早的具体例证。

---

① 叶茂林、何克洲:《青海民和县喇家遗址出土齐家文化玉器》,《考古》2002年12期。
② 林梅村:《塞伊玛-图尔宾诺文化与史前丝绸之路》,《文物》2015年第10期。另外,参见王国道:《西宁沈那齐家文化遗址》,《中国考古学年鉴(1994)》,北京:文物出版社,1997年版,第278页;刘翔:《青海大通县塞伊玛-图尔宾诺式倒钩铜矛考察与相关研究》,《文物》2015年10期。

近几年河西走廊陆续又发现了一些早期炼铜残渣、炼铜器具等。考古学家推想，最初导源于西亚的青铜器和铁器，首先影响到新疆维吾尔自治区地区，然后经河西走廊到达河湟地区、中原地区，这标志着新疆维吾尔自治区处于金属文化东传的中心环节，沿着河西走廊到青海东部存在一条"铜之路"。

青海省已发现的最早的陶器是中原地区仰韶文化庙底沟类型的器物。甘青地区的马家窑文化是仰韶文化西传的地方性变种。可见陶文化自东向西传的轨迹是存在的。瑞典考古学家安特生认为距今4000年前的齐家文化炊煮器绳纹敛口陶盉等，领及耳部压刻花纹的灰陶罐，与出自西伯利亚及北欧所谓之"康式陶器"关系极为切近；他还认为齐家文化双大耳罐，"颇与希腊及罗马古代之安佛拉（Ampfora，一种两联底瓶）有几分相类之处"，他曾称此类双大耳罐为"安佛拉薄肉高领瓶"。[1] 如果此说成立，则表明西域与中国内地的交流与沟通由来已久。

---

[1] 安特生著，乐森璕译：《甘肃考古记》，转引自青海省文物考古研究所编《青海省考古资料汇编》（一）（1996年内部刊印），第11页。

鲜为人知的羌中道

"羌中道",顾名思义,它的开辟和使用与古代羌人有着非常紧密的联系,又因其位于古羌人聚居区,所以得名。从史书记载中我们知道,秦汉时期,许多大大小小、互不统属的羌人部落就生活在青海和甘肃西南部地区,他们逐水草而居,过着居无定所的游牧生活。其实甘青地区的羌人从春秋后期就日渐强盛起来,从战国末期开始,日益强大起来的秦国不断向西拓展疆土,许多弱小的羌人部落迫于秦国的压力,纷纷离开青海地区迁往西藏、西域和西南各地。在他们迁往各地的同时,也开辟出了由青海通往西域、西藏和西南地区的多条陆路交通。羌中道最迟在这个时候就已经被开辟出来了。

尽管羌中道开通的时间比较早,但在很长时期内并不为中原地区的人们所了解。汉武帝建元三年(公元前138年),张骞第一次出使西域时,由于对当时西北地区的道路交通不太了解,所以只知道去西域必须途经匈奴地区,还不知道有一条羌中道存在。在张骞出使西域途经匈奴地区时,被匈奴人俘获,后来历经千辛万苦来到西域。在西域活动期间,张骞才从当地人那里了解到有一条通过羌人地区可以到达内地的道路。后来,张骞从西域返回时,为了避免途经匈奴地区时被再次俘虏,打算取道羌中道,但还没有踏入羌人地区,又一次被匈奴人俘虏,几经周折后终于逃回了长安。后来,张骞在向汉武帝汇报出使情况时,根据自己的亲身经历和了解,对通往西域的几条道路做了介绍。他认为,从羌中道出使西域,虽可以避开匈奴,但道路比较险恶,而且羌人也不太情愿让其他国家的人经过他们居住的地区,所以他建议汉武帝从西南地区打通到西域的道路。后来,汉武帝曾经试图打通经西南地区通往西域的道路,但始终没有成功。

在西南通道无法打通,羌中道又被汉朝人忽略的同时,河西走廊地区的交通条件却在很短的时间内发生了翻天覆地的变化。汉朝在多次击败匈奴后占领了河西走廊地区,在这里设置郡县,修筑长城,同时,还大规模移民垦荒,发展农业生产,注意对东西贸易通道进行维护和管理,使这条道路畅通无阻,逐渐成了丝绸之路东段的主要干线。羌中道虽然开通得比较早,但由于种种原因,一直没有得到利用,在很长时间中只是青海地区和西域地区的羌人相互联系的一条交通线。但是,无论怎样,羌中道的开辟,对于后来丝绸之路青海道的进一步发展和兴盛奠定了基础，是古代羌人对青海古代交通和贸易发展做出的积极贡献。

羌中道是中西陆路交通主干道东段（以今青海、甘肃与新疆维吾尔自治区毗连处为界）南线的主体，它总体呈东西向，两汉时期大致以鲜水海（又称卑禾羌海，即今青海湖）为中心，东至陇西郡（治狄道，今甘肃临洮南），可称为羌中道的"湟中段"（或曰"河湟道"），再向东延可直达长安（今西安）；西行经柴达木盆地至鄯善（今新疆维吾尔自治区若羌），可称为羌中道的"婼羌段"（或曰"婼羌道"），再向西延可通达西域各国。羌中道的"湟中段"（"河湟道"）又有呈东南—西北向的与河西走廊主道相连的小支线，如西平张掖道、乐都武威道等；羌中道的婼羌段（或曰"婼羌道"）又分南线和北线。羌中道沿途修筑有不少烽燧、坞堠，局部区域有完善的驿传设置。两汉魏晋时期汉羌之间的许多战事以及移民、屯田、商品交换等使得大量军士、移民、屯田劳动者、商旅等人络绎于道，他们对羌中道使用频率的提高起了很大的助推作用。

羌中道之"湟中段"（"河湟道"）是因为途经湟中而得名。如果以西汉时的西平亭（在今西宁市，东汉末这里是西平郡的治所）为中心，其具体走法是：

从西平亭东行,经安夷县(治今平安),到达破羌县(约治今乐都东高庙镇老鸦城)。从破羌县分出向东、向北两条支线。向东支线可抵达金城郡(治今青海民和西沟乡),向北支线可到达当时的令居县(治今甘肃永登)。

从金城郡继续东行,过黄河,可达金城县(治今甘肃兰州西固);东南行,经过河关县(治今甘肃积石山大河家),可达枹罕县(治今甘肃临夏)。

从令居县南行,可达金城县;北行,可去武威郡(治今甘肃武威市凉州区),与中西陆路交通主干道东段的中线相接。

从金城县继续东行,经今甘肃定西市一带可抵达当时的天水郡(治今甘肃通渭县西北),再经汉阳(郡治冀县,今甘肃甘谷东南)、成纪(治今甘肃秦安西北)、右扶风辖区今陕西宝鸡市、咸阳市,最终抵达汉都城长安(今西安市)。

从枹罕县东行,经陇西郡(治狄道,今甘肃临洮南),过上邽县(治今甘肃天水市清水县),大体也再经今陕西宝鸡、咸阳,最终抵达长安;从枹罕县东南行,经临洮县(治今甘肃岷县)、武都郡(治武都道,今甘肃成县以西)可达今四川境内;从枹罕县南行,大体经西汉所设洮州(治所在美相,今甘肃临潭)、湔氐道(治今四川省阿坝藏族自治州松潘县)可去今四川成都。①

以上从金城县东行路线与从枹罕县东行的路线实际上互相有交叉,随时可以互换或合并。

从西平亭向西、向北有两条线路:

向西的线路经临羌县(治今湟源县南古城),再或者向西南方向行,过日月山,沿青海湖南岸西行,与"婼羌段(道)"南线接;或者向西行,抵达西海郡(治今海晏县三角城),沿青海湖北岸西行,与"婼羌段(道)"北线接。

向北的线路又叫西平—张掖道(简称"平张道",又称扁都口道),经长宁亭(今大通回族自治县后子河乡长宁村),在今门源县浩门镇一带过大通河,继续北行,经今祁连县俄博,穿大斗拔谷(扁都沟),经今甘肃民乐县前往张掖郡(治今甘肃张掖市甘州区),与河西走廊道衔接。

---

① 据《中国国家地理》2009年第11期刊载的宋晖所撰《八角古城——遗落在丝绸之路上的城池》一文记载,今甘肃省夏河县甘加滩东部央曲河和央拉河交汇的台地上有一座八角城,城墙为空心十字形,有8个角,16个外角和20个面。每个外角上建有突出的马面,或称墩台。城墙高6—13米,城墙底宽11—13米,包括内城和外郭两层城墙。内城周长1960米。此城是西汉时期的古城,这里曾是"羌中道"上的重要据点。

偏居西域的"婼羌道"

西汉时期,中西陆路交通主干道东段南线"羌中道"在今青海湖以西段可称为"婼羌段(道)",它又分"婼羌段(道)"南线和"婼羌段(道)"北线。南线基本上沿青海湖南岸、柴达木盆地南缘西行,北线基本上沿青海湖北岸、柴达木盆地北缘西行转西北行。

羌中道的"婼羌段(道)"是因为汉代的婼羌国而得名。婼羌国大致分布在今青海海西蒙古族藏族自治州格尔木市西部及茫崖市一带,向西奄及今新疆维吾尔自治区东南部地区,为西域三十六国之一。《汉书·西域传》记载:"出阳关,自近者始,曰婼羌,婼羌国王号去胡来王,去阳关千八百里。"婼羌国有450户,以游牧为业,境内山间出铁,能自造刀、剑、甲、矛、弓等兵器。汉武帝开通西域后,婼羌王降附汉朝,汉封其为"去胡来王"。汉宣帝时,去胡来王唐兜率部至玉门关,请求内迁,遭到拒绝后,奔降匈奴,其国遂亡。

"婼羌段(道)"南线的基本走向大体是:从金城郡、临羌县过日月山,再或经今共和县,过支东拉加古城(在今兴海县河卡乡宁曲村),到今乌兰县茶卡镇；或紧依青海湖南岸西行，翻过橡皮山，到今茶卡镇。从茶卡镇继续西行，经今都兰县城，到都兰县香日德镇。香日德镇有西汉末至新莽时期所筑南圩墩、北圩墩，它是羌中道主线途经柴达木盆地南缘的重要遗迹和有力凭证。从香日德向西，到诺木洪一带，从此处可分向西、向北的两条岔道：

向西的岔道是"婼羌段（道）"南线的主线，经今格尔木市进入当时婼羌国境域的今乌图美仁乡一带，涉过那楞格勒河，进入今茫崖市辖区，继续沿祁漫塔格山北麓西行，又经甘森、特勒窑洞、自流泉（蒙古语叫高诀儿泉）、今花土沟镇、茫崖镇，出今青海省境，经噶斯池（即乌苏肖，或译乌曾学、乌宗肖、乌曾肖，清代的记载中作乌宗硕，今在茫崖市茫崖镇以西新疆维吾尔自治区若羌县依吞布拉克镇境内），经过巴士库尔干（又作"巴什考供"或"巴什考贡"，汉语称为红柳沟口），出阿尔金山口，再经米兰古城，[①]与位于鄯善国（治今新疆维吾尔自治区若羌县）境内的中西陆路交通主干道西段衔接，其走向与现今315

---

① 米兰古城遗址属全国重点文物保护单位，位于新疆维吾尔自治区若羌县城东40公里处，由唐代吐蕃古戍堡和周围分布的魏晋时期的古建筑群遗址，以及汉代屯田水利工程设施和伊循城遗址所组成。古代米兰是塔克拉玛干沙漠南面的一个古代绿洲城市，坐落在丝绸之路上的罗布泊与阿尔金山脉的交会处。

国道大致相同。

向北的岔道,可去今大柴旦镇,与"婼羌段(道)"北线相连接。

"婼羌段(道)"北线的基本走向大体是:从青海湖东北畔的西海郡西行,经汉代古城址尕海古城(在今海晏县甘子河乡尕海村)、北向阳古城(在今刚察县吉尔孟乡)、南向阳古城(在今刚察县吉尔孟乡),继续西行,沿柴达木盆地北部水草带(赛什腾山之南),约在今天峻县关角乡一带分出向西南、向西的两条岔道:向西南的岔道到今茶卡镇与"婼羌段(道)"南线连接;向西的岔道经今乌兰县、德令哈市、大柴旦镇、马海村,西北行,翻越阿尔金山脉,出当金山口,抵达河西走廊的敦煌郡,与河西走廊道衔接,然后经玉门关、阳关西去西域。

位于柴达木的南北两条支线是在盆地的绿洲间跳跃行进的,在其向西延伸的过程中,两线彼此间有多处互相连通对接的站点,例如都兰县香日德经铁卜加可与德令哈市怀头他拉互通;格尔木经察尔汗、小柴旦可与大柴旦互通;乌图美仁沿河而下可与沙梁子互通;鱼卡经茶冷口可与茫崖互通;当金山口经冷湖、俄博梁可与茫崖互通;大草滩经库什哈、拉配泉可与索尔库里互通等。①

吴景敖先生研究认为："由巴隆河流域通和阗之道有三：其一由巴隆西北出柯力克（柯鲁沟，今通新）经巴格柴达木（小柴旦）、伊克柴达木（大柴旦）、当金山口至甘肃敦煌南湖，合阳关古道而西。此当系铁勒入侵吐谷浑之简道，内由柯力克至敦煌一段，且曾为西北行营甘青经济考察团之经行路线；其二，由巴隆西渡奈直河，过哈济、噶司，西北经乌尔腾、格孜湖（格孜库勒）入新疆境，横越阿尔金山出婼羌，与自阳关西来之第一线合而西向，此当为吐谷浑与龟兹及乙弗之交通干线，内由乌尔腾至婼羌一段，且为近年甘、青、新边境哈萨克人经常流徙之通路；其三，由哈济西南经布轮台，溯楚拉克阿干河谷入新疆境，西越阿尔金山，顺阿雅克库木湖（亦作阿雅格库木库里湖）过巴什莫尔根，顺车尔成（卡墙）河源西下，出且末，再与自阳关及格孜湖西来之第一线、第二线合而西向，经克里雅（今于阗）至和阗，此第三线自巴隆以迄和阗全程，曾为英人费理明（P.Fleming）所通过。亦即现今西宁、和阗间之队商行道也。"②

---

① 参见陈良伟：《丝绸之路河南道》，北京：中国社会科学出版社，2002年，第190页。
② 吴景敖：《西陲史地研究》，上海：上海中华书局，1948年，第7页。

上面引文中提到的"哈济"一作"哈吉尔"，即今格尔木市乌图美仁乡一带；"通新"指1939年从都兰县析置的通新设治局，驻地是今德令哈市；"噶司"似乎指今茫崖市尕斯库勒湖；"格孜湖（格孜库勒）"即尕斯库勒湖，清代蒙古族称它噶斯淖尔或噶顺淖尔，哈萨克族称它格孜库勒湖。上面引文中吴先生对"噶司"和"格孜湖（格孜库勒）"的表述有点矛盾，似乎都指的是今茫崖市尕斯库勒湖，比较费解。我认为，如果把"格孜湖（格孜库勒）"换成噶斯池（即乌苏肖，或译乌曾学、乌宗肖、乌曾肖，清代的记载中作乌宗硕，在今茫崖市茫崖镇以西新疆境内）就好理解了。

羌中道的使用史实举例

两汉魏晋时期对羌中道使用频率还算比较高的。尤其是战争对此道的使用较多。例如汉武帝元鼎五年（公元前112年），甘青地区的先零羌和封养、牢姐等羌响应匈奴的号召，出兵10万，联合攻击汉令居（治今甘肃永登）、安故（治今甘肃临洮西南）2县，他们走的正是"湟中段"（"河湟道"）的乐都—武威道。公元前111年，汉朝派将军李息、郎中令徐自为率军进击羌人。无论羌人进攻，还是汉军反击，都曾行走在"羌中道"上，还有当时对邮亭、塞垣、烽火台的创置，都使"羌中道"利用率得到提高。汉宣帝神爵元年（公元前61年），先零羌与罕、开等羌大规模联合反汉。西汉杰出的军事家，76岁高龄的赵充国采取区别对待、宽严相济，以军事打击与政治瓦解相结合的策略,很快取得了胜利。在此基础上，青海东部正式纳入中原封建王朝郡县管辖体系之中。金城郡郡城及其所辖各县城之间有亭障联络，河湟地区的邮驿设施初步得以建立,羌中道东段的路况得到进一步改善。新莽时期在今海晏县设立了西海郡，管辖环青海湖地区。西海郡存在期间和后来的一段时期内，青海湖环湖地区以及柴达木盆地人口剧增，丝绸之路青海道的东段一度行人络绎不绝，十分繁盛，对羌中道的使用力度加大。还有东汉时汉羌战事前后延续上百年，加上曹魏与蜀汉间的战事等，战争延续时间长，双方投入战事的人、马及运输辎重的车辆众多,往来在"羌中道"上,加强了对羌中道的使用。

除了战争以外，两汉魏晋时期移民开辟农田、驻军开展屯田、汉族官员和军人、商旅等人对羌中道使用频率的提高也起了很大的助推作用。

将军李息、郎中令徐自为率军进击羌人获胜后,汉朝在令居设护羌校尉，并开始向湟水流域迁移内地汉族农民，开辟农田。赵充国平羌取得胜利，留步兵万人屯田。当时实行军事屯田的地点集中在湟水中下游、浩门河（今大通河）下游以及与其毗邻的黄河两岸地区。东汉沿袭西汉的做法，屯田地点大体与西汉时重合，不过规模宏大的屯田区域一度主要分布在黄河两岸。

随着移民的持续增加，屯田的大规模开展，商旅人员也在增多。

早在史前时期，青海先民们的商品交换行为已较为活跃，例如青铜器时代的卡约文化遗址中除了出土大量海贝、骨贝、石贝外，还出现了青铜贝和金贝，这说明春秋后期羌人中同样有最早的货币在流通。到了西汉时期，商业空前兴盛，货币交易非常流行，商品经济十分活跃。在汉族农民移入青海东部的同时，汉朝的钱币也开始在河湟地区流通。据《汉书·赵充国传》记载，汉宣帝时，朝廷曾以"粟石八钱"的低价在"湟中"地区籴买过谷物，售卖谷物的除汉族外应当也有羌人。赵充国平羌时，为了分化动摇羌人联盟，公告羌人说："斩大豪有罪者一人，赐钱四十万，中豪十五万，下豪二万，大男三千……"既然以汉钱在羌人中悬赏，表明汉钱在羌人中也是有信誉的。赵充国平羌取得成功后,河湟地区的各族百姓成为金城郡所辖编户齐民,降顺的羌人在金城属国内劳动生活,他们都离不开汉朝的钱币。郡县所辖的编户齐民向官府交纳口赋、算赋、更赋等名目的赋税,当时规定必须用钱币。这样,每个家庭要完纳赋税,都必须将自家的产品售卖了,换成钱币才行。于是,自给自足的自然经济无形中在一定程度上被打破了。据发现于甘肃河西地区的大量汉代木简记载,各郡、县治所都有固定的市场,交通要道、驿站、乡、里等处都有小集市。交易的商品种类有粮食类、副食类(肉、姜、鱼)、衣服类、布帛类、兵车类、牲畜类、奴婢田宅类等。交易中以钱币为一般等价交换物者最常见,也有以物易物的。河湟地区与河西走廊一山之隔,同是汉朝郡县辖区,民间贸易的发展水平应该是一样的。青海东部地下出土的汉代钱币很普遍,数量也较多。出土钱币的品种有西汉的"半两"钱、"五铢"钱,王莽时期的"货泉""大泉五十""契刀五百""货布""小泉直一""一刀平五千"钱以及东汉时期多种式样的"五铢"钱等,其中以西汉"五铢"钱最为多见,仅大通上孙家寨的某座汉墓就出土了600余枚。此时青海民间贸易的发展出现了第一个高峰。有商品交易必有专门经商或兼顾经商的人。经商的人进行长途或短途贩运是必不可少的。

二、丝路贸易进入鼎盛期——吐谷浑道的构成与利用

吐谷浑道的得名及其构成

"吐谷浑"原本是人名,他原是辽东鲜卑慕容部首领慕容涉归的庶长子,由于部落壮大与草原狭小的矛盾,与弟慕容廆发生口角,约于公元283—289年间负气率部西迁,取道阴山,途中滞留20多年,于西晋永嘉末年(312—313年左右)西渡洮河,留居到今甘肃青海交界地区大夏河流域一带。约公元329年,吐谷浑之孙叶延正式建立了以鲜卑贵族为核心、联合羌人豪酋共同执政的地方政权,并用祖父的名字作为国号。从此,人们用"吐谷浑"来称呼这一支慕容鲜卑和他们在西北建立的草原王国。

吐谷浑国盛时的疆域,史称东西四千里,南北二千里。东起今甘肃甘南藏族自治州和四川松潘一带,西至今新疆维吾尔自治区和田一带,南以昆仑山为界,北至祁连山脉。吐谷浑国共传15代22位君

主。先后以今甘肃临夏、青海贵南县、青海都兰县香日德镇、青海共和县伏俟城为都，其中香日德镇王城最为重要。至唐龙朔三年（663年），吐谷浑国亡于吐蕃，成为吐蕃治下的吐谷浑邦国。到宋代以后，内地吐谷浑的活动才基本上不见于史籍。

吐谷浑国盛时疆域宽广，北与丝绸之路主要通道河西走廊相连，西与西域诸国接壤。由于东晋南北朝时期的丝绸之路青海道横贯或局部穿过吐谷浑王国，且大多情况下由吐谷浑王国经营、掌控，所以近现代学术界将它称为"吐谷浑道"。其实史书中原本将此道称为"河南道"，例如《南齐书》卷59《芮芮虏传》记载："芮芮常由河南道而抵益州。"这里的"芮芮"又作蠕蠕，指游牧王国柔然，原居今蒙古高原鄂尔浑河及土拉河流域，后移至阴山一带。"益州"指今四川成都。河南道即指丝绸之路东段经今青海省境由黄河之南再向东，经益州最终通往南朝都城建康（今江苏南京市）的一条通道。柔然使者所行路线可能是从居延路或蒙古草原南下，经今甘肃酒泉、张掖，过浇河郡（治今青海贵德县河西乡黑古城）后，沿西倾山（青海省东南部巴颜喀拉山的支脉）北麓至龙涸（今四川松潘）后，顺岷江入今四川一带后至建康的。这条横贯吐谷浑王国的通道之所以被称为河南道，是因为吐谷浑国强盛时其王曾被大夏国及北朝、南朝诸国封为河南王。考虑到吐谷浑国王得到的封号除河南王外，还有白兰王、陇西王、西平王等，而受封河南王的小国还有西秦等，故我们认为还是将此横贯吐谷浑王国且主要由吐谷浑国经营、掌控的通道称为吐谷浑道为好。

吐谷浑道是对羌中道的继承，二者是不同历史时期由于民族兴亡变迁而发生变化以后的不同叫法，当然后者的具体内容又有新的拓展和变化。

吐谷浑道并非是一夜之间就发展起来的，而是在利用原来的羌中道、羌氐道等的基础上发展起来的。其中羌氐道是由古代的羌人和氐人在向西南地区迁徙的时候开辟出来的，是沟通雍、梁二州的古道，所以又被叫作雍梁道。三国鼎立时，著名的蜀国大将姜维就曾几次率兵从羌氐道北上和魏国争夺凉州地区。羌中道虽然开通得很早，但一直没有得到很好利用，尤其是其所含的"婼羌段"（"婼羌道"），直到公元445年吐谷浑国王慕利延征西域后才被充分利用起来，此后，羌中道以吐谷浑道著称。

丝绸之路吐谷浑道不但联通西域与南朝，而且联通西域与北朝的都城。本书中的吐谷浑道，以吐谷浑国兴盛时期的都城（在今都兰县香日德镇，另有公元535年在青海湖西15里，今共和县境内铁卜加所筑的伏俟城）为中点加以记述，认为它总体上由向东南、向西、向东北3个区段构成。向东南区段起自吐谷浑城，又由中、北、南三条支线构成，均经龙涸（今四川松潘），止于益州（今四川成都），益州再向东、向北一般由陆路转水路；向西区段起自吐谷浑城，又由南支线、西南支线、西北支线构成；向东北区段起自吐谷浑城，又由东北支线、东支线构成。可见，此时青海向东南、向西、向西南、向北、向东、向东北，都有畅通的交通路线，丝绸之路青海道处于鼎盛时期。

吐谷浑道的要冲处密布吐谷浑先后设置的大城或所建的小城、都城，如洪和城（今甘肃临潭县附近）、莫贺川城（在今青海贵南县）、清水川戍（约在今青海兴海县大河坝河下游，一说在今青海循化撒拉族自治县东）、赤水戍（约今兴海县桑当乡夏塘古城）、浇河戍（在今青海贵德县河西乡黑古城）、吐屈真川戍（约在今青海湖西乌兰县茶卡滩一带，一说在布哈河下游）、曼头城（约在今青海兴海县河卡乡幸福村一带，一说是兴海县河卡乡宁曲村的切吉古城）、树敦城（今青海共和县恰卜恰镇上塔买古城，一说曲沟乡菊花城）、贺真城（今青海共和县切吉乡伏俟城南

30里石头城)、吐谷浑王城(在今青海都兰县香日德镇)、伏俟城(今青海共和县铁卜加古城)等。这些小城、都城是吐谷浑道存在的见证。

吐谷浑道的具体线路

向东南区段的主线——慕贺线(贵南线)。从今都兰县香日德镇吐谷浑城东行,经今乌兰县茶卡镇,过切吉旷原,到吐谷浑曼头城(约在今青海兴海县河卡乡幸福古城,一说是河卡乡切吉古城);或从伏俟城出发,经共和县恰卜恰镇到曼头城。然后东行从羊曲(又称尕毛羊曲、尕马羊曲)东渡黄河(从公元444年魏晋王伏罗间道袭击吐谷浑至大母桥的路线推断,大母桥当在尕毛羊曲一带,它是吐谷浑在黄河上造的第二座桥,有古城遗迹),到达吐谷浑早期的总部(都城)沙州慕贺川,即今贵南县茫拉川(今贵南穆格塘一带)。由慕贺川东行,经今青海省泽库县、河南蒙古族自治县,然后或经今甘肃省岷县、宕昌县、武都区经四川广元前往益州(成都);或经今甘肃碌曲、四川若尔盖、松潘前往益州;或经陇西郡(治今甘肃临洮)、仇池(今甘肃省和政)和今陕西汉中前往益州。此线沿途多为草原,地势相对宽阔平坦,且全程在吐谷浑国的控制之下,行走相对方便,因而使用频率最高,是吐谷浑道的主线。此线可以称为慕贺线或贵南线。

向东南区段的北支线——浇河线(贵德线)。从今都兰县香日德镇吐谷浑城或伏俟城出发东行,途经今共和县切吉草原或共和县恰卜恰镇,然后从龙羊峡过黄河,抵吐谷浑一度所据有的浇河(今贵德县河西乡黑古城)、周屯(今贵德县东沟乡),东行经今同仁县兰采乡、保安镇、瓜什则乡,经甘肃夏河县甘家滩,至今甘肃省临夏市,然后或经陇西郡(治今甘肃临洮)、仇池(今甘肃省和政)和今陕西汉中前往益州;或经今甘肃甘南藏族自治州府合作,再经洪和(今甘肃临潭)、岷县、宕昌县、武都区经四川广元前往益州(成都);或经今甘肃碌曲县、四川若尔盖、松潘前往益州。此线沿途既有宽阔平衍的草原,也有山峦关隘,尤其是今贵德至甘肃夏河段山地较多。这一段后来是明代的驿传线路。吐谷浑国控制浇河郡时期,此段使用频率较高,后来失去对浇河郡的控制,尤其北周以后使用频率降低。此线可以称为浇河线或贵德线。

向东南区段的南支线——赤水线(同德线)。从今都兰县香日德镇吐谷浑城出发,东南行,越扎梭拉山口，经今兴海县大河坝河流域，经过吐谷浑的赤水戍（约今兴海县桑当乡夏塘古城），在今同德县巴沟乡班多村（兴海县曲什安河入黄河口稍北）一带过黄河，循阿尼玛卿山北麓东南行，过青海省河南蒙古族自治县、泽库县，今甘肃省碌曲县，然后或经四川若尔盖、松潘前往益州，或经今甘肃岷县、宕昌县、武都区经四川广元前往益州（成都）。此线沿途草原高山相间，但全程在吐谷浑国的控制之下，行走也较方便。此线可称为赤水线或同德线。

上述三条支线互相平行，但又不是互不相连的，恰好相反，根据需要串行的情况较为多见。

向西区段主线的基本走向：吐谷浑道向西区段起自都兰县香日德镇吐谷浑城或伏俟城，向西跨越柴达木盆地，经都兰县巴隆、格尔木后，基本上沿祁漫塔格山北麓西北行，过乌图美仁、甘森、尕斯、茫崖镇，西入新疆维吾尔自治区鄯善、于阗。与今天经格尔木去茫崖的公路走向一致。这条路线就是北魏征吐谷浑时慕利延退却的路线。据史料记载，北魏太平真君六年（公元445年），在魏军攻击下，吐谷浑主慕利延从曼头城（约在今青海兴海县河卡乡幸福古城，一说是河卡乡切吉古城）"驱其部落西渡流沙"，

"遂西入于阗"。① 所行即由青海湖南切吉草原往西经今都兰、格尔木，西入今新疆维吾尔自治区南部鄯善、且末，到达于阗（今新疆维吾尔自治区于田）的。那时，许多求经讲法的僧人也大多从此道出入西域。此线沿途多为荒漠戈壁，间有小块草原，地势宽阔平坦，且全程在吐谷浑国的控制之下，行走相对方便，因而使用频率较高，是"吐谷浑道"向西区段的主线。但有时用水不太方便，间或需要提前预备饮用水。

吐谷浑道西区段另有三条支线：

1. 柴达木南支线。从今都兰县香日德镇吐谷浑城或伏俟城出发南行，经黄河源头鄂陵湖、扎陵湖一带，与中原经青海前往西藏自治区，并经西藏自治区前往尼泊尔、印度等地的国际通道"唐蕃古道"衔接。此线沿途草原少，高山峻岭多，海拔高，比较难行。

2. 柴达木西南支线。由伏俟城经今都兰县香日德镇，过格尔木，再向西南行，经布伦台，然后溯今楚拉克阿拉干河谷入新疆维吾尔自治区。此线沿途草原少，荒漠戈壁和高山峻岭多，比较难行，行人很少。

---

① 《魏书》卷4《世祖纪下》；又《魏书》卷102《西域》："真君中，世祖诏高凉王那击吐谷浑慕利延，慕利延惧，驱其部落渡流沙。那进军急追之，慕利延遂西入于阗，杀其王，死者甚众。"

3. 柴达木西北支线。如从今都兰县香日德镇吐谷浑城西行，约在诺木洪一带转向北行，经今大柴旦、马海到甘肃阳关（也可去敦煌），与河西走廊道衔接；如从伏俟城西行，则经今德令哈、大柴旦、马海去甘肃阳关、玉门关或敦煌。此线沿途多为荒漠戈壁，间有小块草原、部分山地，总体上地势宽阔平坦，全程也在吐谷浑国的控制之下，行走相对方便，使用频率较高。

吐谷浑道东北区段也有三条支线：

1. 东北支线。从今都兰县香日德镇吐谷浑城或伏俟城东北行，经大斗拔谷（今青海、甘肃交界之扁都沟）过祁连山，到今甘肃张掖，与河西走廊道相接，或去西域，或东行经凉州去北朝都城——洛阳、长安、邺城（今河北省临漳县）等。此线沿途多为高山峡谷，间有小块草原。

2. 东支线。从今都兰县香日德镇吐谷浑城或伏俟城经青海湖南岸或北岸去西宁，再由西宁或东南行经河州（治今甘肃临夏市）、陇西郡（治今甘肃临洮）、仇池（今甘肃省和政）和今陕西汉中前往益州（治今四川成都），到益州后，顺长江而下前往南朝都城建康（治今江苏省南京市）；或取道今甘肃兰州、天水去北朝都城——长安、洛阳、邺城（今河北省临漳县）等。此线沿途虽然多为高山峡谷，但城镇较多，人烟稠密，有时有驿传可资利用。

以上只是大致而言，实际上可走的线路非常多，线路之间相互连通、互相交错的现象很普遍。

吐谷浑道使用事例选介

1. 西域诸国遣使中原对吐谷浑道使用事例选介

柔然，在史书中又称作"蠕蠕""茹茹""芮芮"等，是公元4世纪后期至6世纪中叶，在蒙古草原上继匈奴、鲜卑等之后崛起的部落制汗国，最高统治部落（可汗郁久闾氏本部）为鲜卑别部的一支。柔然与吐谷浑国关系较好，曾有联姻关系，① 常结伴遣使南朝。据陈良伟先生统计，柔然共计遣使南朝16次。陈先生研究认为，南北朝时期，柔然由漠北草原往吐谷浑国，有三条路可选：（1）由内蒙古西部草原出发，经北塔山、伊吾、高昌、巴伦台、焉耆和鄯善，使用柴达木南线而至吐谷浑国；（2）从阴山出发，潜行经敦煌、阳关、当金山口沿线，而后使用

---

① 参见《西安发现吐谷浑公主及其丈夫合葬墓 出土160余件随葬品》一文。据报道，墓主为茹茹骠骑大将军乞伏孝达和吐谷浑晖华公主。资料来源：2015年12月15日人民网－陕西频道。根据志文，晖华公主生于北魏景明四年（503年），死于西魏大统七年（541年）。

柴达木北线至吐谷浑国；（3）由居延海南下，沿张掖至酒泉南缘间的南北向山谷，启用走廊南山分道而至吐谷浑国。沮渠北凉时，柔然、北凉、吐谷浑关系颇为密切，柔然完全可以借道北凉，经行祁连山分道抵达河南国；而北魏占据河西走廊后，穿越祁连山比较困难，多数使节只好启用上述第一条道路进入柴达木、吐谷浑国。考古工作者在高昌境内多次发现柔然与南朝交往的遗物，或与此有关。当然，偷渡情况例外。①

史书记载柔然第一次出使南朝是在宋元嘉十九年（442年），这年"冬十月甲申，芮芮国遣使献方物"②。北凉王后裔沮渠无讳于这年四月放弃敦煌，西奔鄯善，于当年九月攻杀了亲柔然的高昌太守阚爽，占据了高昌。从此，柔然与沮渠无讳关系开始恶化。同年四月，原先依附柔然并定居于伊吾的李宝，突然脱离柔然，离开伊吾，统兵二千余人，返回敦煌，并向北魏投降。柔然非常恼怒，便杀了李宝的舅舅唐和，

---

① 陈良伟：《丝绸之路河南道》，北京：中国社会科学出版社，2002年，第290页。
② 《宋书》卷5《文帝本纪》。

并且驱逐唐和之兄唐契出境。① 于是柔然与李宝的关系恶化到极点。这样一来,柔然使节此时想借道高昌,经行焉耆和鄯善而前往吐谷浑国,或者想借道敦煌,经过当金山口而往吐谷浑国,显然都是不可能的了。由于北魏此时已经较为牢固地控制了扁都口支道沿线,柔然想借此道南下,似乎也是不可能的了。然则,柔然只有潜行张掖至酒泉间的南北向山谷,经行走廊南山支道,才可抵达吐谷浑国。

又如,宋大明七年(463年)"六月戊申,蠕蠕、高丽等国遣使朝贡"②。此次出使可能非常顺利,似与南朝达成了某种商业贸易合作协议,柔然的商贾从此经常往益州经商。③ 由于柔然商人经常前往益州,推测柔然使节是取道岷江支道前往南朝的。

此后,宋泰始年间(465—471年)、泰豫元年(472年)、建元年间(479—482年)、永明年间(483—493年)、天监年间(502—519年)、普通年间(520—526年)、大通年间(529—534年)、大同年间(535—

---

① 《魏书》卷43《唐和传》曰:"李氏为沮渠蒙逊所灭,和与兄契携外甥李宝避难伊吾……臣于蠕蠕。蠕蠕以契为伊吾王。经二十年,和与契遣使来降,为蠕蠕所逼,遂拥部落至于高昌。蠕蠕遣部帅阿若率骑讨之。至白力城,和率骑五百先攻高昌,契与阿若战殁。和收余众,奔前部王国。"
② 《南史·宋本纪》。
③ 《南齐书·芮芮虏传》载:"(芮芮)常由河南道而抵益州。"

545年）柔然均有遣使南朝的活动，不烦一一细述。这里再举宋大同七年（541年）遣使的一例，多种史书有提及。《南史·梁本纪》记载："是岁，宕昌、蠕蠕、高丽、百济、滑国各遣使朝贡。"《梁书·武帝纪》记载在这次遣使是在这年秋九月："秋九月戊寅，芮芮国遣使献方物。"《南史·夷貊传》称此次柔然所献方物是："马一匹，金一斤。"推测这次柔然使节经行的是扁都口支道、河湟道和白龙江支道的组合南来建康的。这是柔然最后一次遣使活动。

龟兹古国始建于西汉前后，白姓，位于塔里木盆地的北沿中段，地当丝绸之路西域丝道塔里木北支道中段要冲，是个商业、贸易和佛教都比较发达的国家。据不完全统计，东晋南北朝时期，龟兹国遣使南朝前后共两次。一次是天监二年（503年）七月，与中天竺国一起遣使南朝梁。① 两国使臣极有可能经行吐谷浑道前往南朝祝贺萧梁王朝新立。据《南史·夷貊传》记载，普通二年（521年）又遣使南梁："龟兹者，西域之旧国也。自晋渡江不通，至梁普通二年，王尼瑞摩珠那胜遣使奉表贡献。"龟兹国的两次遣使活动，皆发生在吐谷浑伏连筹执政晚期。当时，

---

① 《南史》卷6《梁本纪》："秋七月，扶南、龟兹、中天竺国各遣使朝贡。"

伏连筹正在与北魏争夺洮河流域中段的洮阳和侯和两个戍堡，又与仇池、武都、宕昌和邓至关系比较紧张，龟兹古国遣使南朝，可能经行塔里木北支道、柴达木北支道、吐谷浑道向东南区段的赤水支线和岷江支道的组合。

于阗在今新疆维吾尔自治区和田，位于塔里木盆地南沿中段偏西，是丝绸之路西域丝道塔里木南支道上的重要站点。由于其国地当中西交通要冲，尤其是地当往西北通往印度、正西通往中亚细亚古代道路的要冲，故而商业十分发达。由于同样的原因，在东汉至唐末间，该国佛教非常兴盛，是西域两大佛教中心之一。文献记载，许多西方佛教僧侣都是通过于阗进入南朝的。东晋南北朝时期，于阗共向南朝遣使4次。第一次遣使南朝是天监九年（510年），据《南史·夷貊传》记载："梁天监九年，始通江左，遣使献方物。"天监"十三年（514年），又献波罗婆步部"。"十八年，又献琉璃罂。""大同七年，又献外国刻玉佛。"于阗向南朝的4次遣使，均在吐谷浑王伏连筹与南朝萧梁关系缓和之后。可能经行塔里木南支道、柴达木南支道、吐谷浑道向东南区段的赤水支线和岷江支道的组合。

嚈哒是继匈奴、鲜卑之后崛起于漠北的草原民族。该部族曾经在漠北地区居住过，稍后因受柔然排挤而被迫西迁至中亚两河流域，最后在中亚细亚建立了世界上非常驰名的嚈哒帝国。嚈哒帝国东与渴盘陀国、于阗国、疏勒国相邻，西与伊朗，南与印度相邻，地理条件决定了这个帝国在中西交通中占有重要地位。嚈哒入主中亚两河流域后，积极参与丝绸之路贸易。公元5世纪末至6世纪中叶，嚈哒帝国、柔然帝国和吐谷浑王国，是称雄西域的三个最大强国，它们经常通过高昌而发生政治、经济、商业和文化联系，所以《魏书·高车传》记载说："蠕蠕、嚈哒、吐谷浑所发交通者，皆路由高昌，犄角相接。"关于嚈哒前往南朝的走向，《梁书·裴子野传》有明确记载："是时，西北徼外有白题及滑国（嚈哒），遣使由岷山道入贡。"岷山道即岷江支道，因道经岷山而得名。另外，《南史·夷貊传》称："其言语待河南人译然后通。""河南人"指吐谷浑人，侧面说明嚈哒是经行吐谷浑国进入南朝的。综上所述可知，嚈哒国的使团东来南朝，多数启用瓦罕支道或费尔干纳支道、塔里木南支道或塔里木北支道、柴达木南支道或北支道、吐谷浑道向东南区段的慕贺线（或浇河线、赤水线）、岷江支道等的组合而至成都，而后再由成都东向往建康的。

据现有资料，嚈哒遣使南朝计有5次，分别是梁天监十五年（516年）、普通元年（520年）三月、普通七年（526年）正月、大同元年（535年）三月、大同七年（541）正月。其中普通元年（520年）三月的一次，使者二人，国王正使名叫富何了了，王后正使名康符真。据《梁职贡图》滑国使臣题记，除了国王有礼品送给南朝皇帝外，王后也有礼品送给皇后："普通元年，又遣富何了了，献黄师子、白貂裘、波斯□子锦，王妻□□亦遣使康符真，同贡物。"其他几次记载较简略①。

粟特是索格底亚纳的不同音译，概指中亚两河流域，即指中亚锡尔河、阿姆河和泽拉夫善河三河流经诸地。中世纪时，粟特地区曾建立封建国家，中国古代文献称其作粟特国，也称之为"昭武九姓"。粟特古代居民颇善经商，常来东方贸易，这在文献中有记载。如《魏书·西域传》记载："粟特国，在葱岭之西……其国商人先多诣凉土贩货，及克姑臧，悉见虏。高宗初，粟特王遣使请赎之，诏听焉。"就是说南北朝时期，粟特商人常来姑臧（今甘肃武威）经商，有人曾经遇到战争而被俘掠。粟特国王派遣

---

① 如《梁书·武帝本纪》记载：普通七年（526年）"正月丁卯……滑国遣使献方物"。另记载：大同元年（535年）"三月辛未，滑国王安乐萨丹王遣使献方物"。又记载：大同七年（541年）"三月乙亥……高丽、百济、滑国各遣使献方物"。

使节前来交涉才得放人。南北朝时期，粟特人不但前往中国北方经商，而且也来南方。直至宋代，仍然往来活跃在丝绸之路上。粟特来南朝的路线非常明确，计有两条道路：其一，由粟特出发，北偏东行，经费尔干纳、伊塞克湖，入塔里木盆地，然后或经龟兹、焉耆、古楼兰、鄯善，入柴达木盆地，再由吐谷浑国南下入建康；其二，由粟特出发，向东经瓦罕支道、帕米尔支道、塔里木南支道、柴达木南支道、"吐谷浑道"向东南区段的慕贺线（或浇河线、赤水线）、岷江支道（沿线所经主要路过岷江流域）或白龙江支道（沿线所经主要路过白龙江流域）的组合。据文献记载，粟特国遣使南朝计两次。一次是元嘉十八年（441年），[1]一次是大明年间（457—464年）。后一次在其贡品中，不但有中亚两河流域盛产的火浣布、活狮子，而且还有费尔干纳盆地的特产汗血马。但是使者运气极差，中途遇盗，竟然把给南朝的礼品弄丢了。[2]

南北朝时期，波斯国是指其萨珊王朝时期。萨珊最初是中亚土库曼斯坦境内的一个游牧部族。公元

---

[1] 《南史·宋本纪》记："是岁，河南、肃特……遣使来朝贺。"按肃特即粟特，音译不同。

[2] 《宋书·索虏传》载："粟特大明中遣使献生师子、火浣布、汗血马，道中遇寇，失之。"

3世纪，该部族崛起于黑海与里海之间，而后相继称雄于谋夫、呼罗珊、巴克特里亚、索格底亚纳和伊朗高原，从而成为中亚和西亚地区的强雄国家。后来很快衰落，沦为嚈哒帝国的属国之一。该国曾三次遣使南朝，分别是梁中大通二年（530年）、中大通五年（533年）、大同元年（535年）。有时候与吐谷浑国的使者结伴而行。① 该国使者在越过巴克特里亚和索格底亚纳之后，可能是相继启用瓦罕支道或费尔干纳支道、塔里木南支道或北支道、柴达木南支道或北支道、"吐谷浑道"向东南区段的慕贺线（或浇河线、赤水线）、岷江支道或白龙江支道至成都，而后又由成都沿江往建康。

天竺是古代对今巴基斯坦、印度、阿富汗、尼泊尔和斯里兰卡等国的泛称。天竺地域非常辽阔，彼此文化差异颇大，故而自古以来人们又称其为东、南、西、北、中五个天竺国家。五个天竺国家的地域没有明确划分。仅据现有资料，南天竺和东天竺通常都经行海路前来中国，而中天竺、北天竺和西天竺

---

① 《南史·夷貊传》称其是首次访问南朝："梁中大通二年（528年），始通江左，遣使献佛牙。"《南史·梁本纪》记载：中大通五年（533年）"是岁，河南、波斯、盘盘等国遣使朝贡"。疑其与吐谷浑国结伴而行。《梁书·武帝本纪》记载：大同元年（535年）"夏四月庚子，波斯国献方物"。

三国则经常取道陆路来中国。由中天竺古代国家向东往南朝，经行路线主要有两条：其一，由旁遮普出发北行，经犍陀罗、白沙瓦、帕米尔、塔里木盆地南沿、柴达木盆地南沿、河南地而入成都平原；其二，从旁遮普出发北行，经巴克特里亚、粟特、费尔干纳、塔里木盆地北沿、柴达木盆地北沿、河南地而入成都平原。据文献记载，天竺国共计遣使南朝两次。① 一次是天监二年（503年）七月，《梁书·武帝纪》简约记载："秋七月，扶南、龟兹、中天竺国遣使献方物。"龟兹即今新疆库车县境内古国，其与中天竺同时出现在南朝，推测是结伴而行。可能此次中天竺使节东来，使用了费尔干纳支道、塔里木北支道、柴达木北支道、"吐谷浑道"向东南区段的慕贺线（或浇河线、赤水线）、岷江支道或白龙江支道的组合。另一次是天监三年（504年）九月，《梁书·武帝纪》记载其与吐谷浑国使臣几乎同时抵达建康的："九月壬子，以河南王世子伏连筹为……河南王。北天竺国遣使献方物。"两国使臣相距万里而于同日接受廷见，似非偶合，而应是结伴而行。

除了上述几个国家外，域外诸国遣使南朝使用

---

① 陈良伟：《丝绸之路河南道》，北京：中国社会科学出版社，2002年，第298—299页。

"吐谷浑道"的还有白题、末国。白题又名跋提，^①地望不详，似与乾陀罗国相邻。^②有可能是西迁康居人或月氏人中的一支。该国仅在梁普通三年（522年）向南朝遣使一次，据《南史·梁本纪》记载："秋八月甲子，婆利、白题国各遣使朝贡。"末国地望难考，仅知为中亚国家。末国于梁普通五年（524年）遣使南朝，据《南史·夷貊传》记载："其王安末深盘，梁普通五年，始通江左，遣使来贡献。"

上述两国东来南朝极有可能相继启用瓦罕支道或费尔干纳支道、塔里木南支道或北支道、柴达木南支道或北支道、"吐谷浑道"向东南区段的慕贺线（或浇河线、赤水线）、岷江支道或白龙江支道而达成都，并由成都东向沿江往建康。^③

2. 遣使、讨伐使用"吐谷浑道"事例选介

魏晋南北朝时，由于河西地区战事纷起，丝绸之道时通时阻，尤其是南北朝相对峙时，南朝诸政权想要通西域，和柔然等政权来往，就得在北魏的势力范围之外寻找通途。立国于甘青交界地区的吐谷

---

① 《洛阳伽蓝记》卷5所引《宋云行纪》载："至正光元年四月中旬，入乾陀罗国……时跋提国送狮子儿两头与乾陀罗王。"
② 《南史·夷貊传》记载："在滑国东，去滑六日行，西极波斯。"
③ 参见陈良伟：《丝绸之路河南道》，北京：中国社会科学出版社，2002年，第270—300页。

浑政权，在割据政权林立的形势下，为了求得生存和发展，除了潜修内政以增强自身的实力外，还十分注意顺应时势，同周边各强国建立关系，进行贡赐交往活动，为自身发展营造安定的外部环境。这种做法在隋唐时期得到延续。吐谷浑国频频通使南朝、北朝、柔然和隋、唐，为丝绸之路的畅达提供了方便，从而提高了"吐谷浑道"的利用率。这方面的详细情况见本书"贡赐贸易与边关互市"部分。

刘宋元嘉二十一年（北魏太平真君五年，吐谷浑慕利延九年，444年），北魏令晋王拓跋伏罗率兵进讨吐谷浑。军至大母桥（约在今贵南县尕毛羊曲），吐谷浑人大惊，慕利延逃奔白兰（以今鄂陵湖、扎陵湖为中心的地区，西端延及柴达木盆地东南缘），慕利延从弟伏念等率众1.3万落投降北魏。刘宋元嘉二十二年（北魏太平真君六年，吐谷浑慕利延十年，445年）四月，北魏又派征西将军、高凉王拓跋那等追讨吐谷浑。大军来到曼头城（约在今青海兴海县河卡乡幸福古城，一说是河卡乡切吉古城），"慕利延惧，驱其部落西渡流沙"，"遂西入于阗"，即带领部落向西行，穿越荒漠戈壁，沿丝绸之路"吐谷浑道"西段向今新疆维吾尔自治区方向逃逸。拓跋那率军紧追不舍。慕利延经今格尔木市到了今新疆维吾尔自治区且末，然后南下到于阗（今新疆维吾尔自治区于田）。当时，慕利延所率除军队外，还有向西迁徙的数以万计的居民。吐谷浑和于阗之间的战争打得非常激烈。于阗是个西域大国，人口有数万。于阗人的抵抗十分顽强，双方伤亡惨重，最后于阗战败。吐谷浑的军队攻破城池之后，慕利延处死了于阗王，又扶持了一个听令于他的新王。慕利延吞并于阗后，接着又南征罽宾（今克什米尔地区），取得了胜利。此后，吐谷浑逐步占领了鄯善（都伊循城，今新疆维吾尔自治区若羌东米兰）、且末等地，作为复国后在西部的统治区域。历代吐谷浑王对这些区域特别重视，曾派第二世子以宁西将军的职位率3000人镇守，以便抵御来自西域的来犯之敌，吐谷浑也从此控制了丝绸之路的南道。

北魏多次讨伐吐谷浑，迫使吐谷浑主慕利延带领数以万计的部落民向西域迁徙，促成其对丝绸之路的南道的成功管控，同时加大了对"吐谷浑道"的使用。

公元553年，夸吕向北齐派出了由仆射乞伏触板带领的商业使团，主要目的是和北齐进行贸易。由于当时河西走廊的交通被西魏垄断，夸吕还派将军翟潘密率领士兵保护商业使团。当时，吐谷浑境内有不少西域商人，他们也随着使团北上，到北齐进行商贸活动。但不幸的是，吐谷浑商队返回的时候，被西魏凉州刺史史宁侦知，史宁便在其必经之地赤泉（约今甘肃永昌一带）设下大军，进行袭击，俘获吐谷浑仆射乞伏触板、将军翟潘密，商胡240人，驼骡600头，杂彩丝绢数以万计，吐谷浑损失惨重。①

3.商旅、僧侣使用"吐谷浑道"事例选介

魏晋南北朝隋唐时期，吐谷浑国和西域各国的众多商队在"吐谷浑道"上的往返是十分频繁的，某些时段可以说是前后相继，不绝于途，使"吐谷浑道"的使用频率得到提高。

吐谷浑国重视商业的发展，积极参与东西方贸易。吐谷浑国对各种商业经营活动不设常税，只有到需要时，才从商人和富裕的大户手中征收一定的赋税。正如《晋书》卷97《吐谷浑传》所记，吐谷浑"国用不足，辄敛富室商人"。在吐谷浑国，商人受到重视和尊敬，在政治上有比较高的地位，各种商业活动也受到国家的积极支持和有力保护。来吐谷浑国从事商贸交易的西域和内地商人，也受到优厚的待

---

① 《周书·吐谷浑传》记载："魏废帝二年（553年）……是岁，夸吕又通使于齐氏。凉州刺史史宁觇知其还，率轻骑袭之于州西赤泉，获其仆射乞伏触扳、将军翟潘密，商胡二百四十人，驼骡六百头，杂彩丝绢以万计。"又见《北史·史宁传》等。

遇。政府不仅为他们提供食宿和各种方便，而且还经常派出向导和翻译，为他们指引道路，提供翻译，沟通信息；甚而为大型商队派军队，提供安全保护。为了方便南来北往的使团商队，公元5世纪上半叶，吐谷浑人在清水川（今青海兴海曲什安河入黄河口附近）黄河上建河厉桥，该桥长150步，宽3丈。此外还有大母桥（约在今兴海县尕毛羊曲）等，大大方便了过往的行人，促进了吐谷浑境内商贸活动的进一步发展。

吐谷浑人常常由数十人或上百人结成伙，随吐谷浑国向南朝、北朝派出的官方贡使团结伴同行，沿途进行交易。《宋书》卷96《鲜卑吐谷浑传》载："徒以商译往来，故礼同北面。……虽复苞篚（指贡物）岁臻，事惟贾道。"《梁书》卷54《西北诸戎·河南传》云："其使或岁再三至，或再岁一至。"随贡使从事商贸的队伍来往频繁，有时一年两三次，贸易之繁盛可想而知。

吐谷浑人的商业活动以中西国际贸易为主。公元6世纪前后，西域各国对南朝丝绸的需求量增大，因南朝地区是高级丝绸的主要产地，这里贸易条件又优于北朝，西域地区的许多商人，包括远在中亚、西亚的滑国、波斯、安息等国家和地区的商人，也不辞艰辛，千里迢迢来到东西方商贸集散中心吐谷浑，要么定居于吐谷浑国，在当地开展贸易活动；要么在吐谷浑人的帮助下，凭借吐谷浑的介绍和引导，赴建康（今南京）通商。在此前后，也常赴柔然、北朝从事商业贸易。因而诸多商人络绎于吐谷浑道上。吐谷浑从西域交换来的物资有西域药材、金银玉器皿、织锦等，还有胡王金钏、乌丸帽、珊瑚、玳瑁、珍珠等异域珍奇。从中原输往西域的商品有丝绸、茶叶、瓷器、牲畜、毛皮等。《北史》卷96《吐谷浑传》记："吐谷浑尝得波斯草马，放入海，因生骢驹，能日行千里，世所传青海骢是也。"可见吐谷浑还从波斯引进过良马。

丝绸之路是繁荣的商道，也是艰苦危险的商道。路程遥远，沿途免不了经受酷热、苦寒、风沙、冰雪、雨雹等的折磨。法显在《佛国记》中描述，他西行求经通过沙漠地带时，常有"上无飞鸟，下无走兽"，"路无居民，涉行艰难，……唯以死人枯骨为标志"的情景。除了自然条件的恶劣，漫长的旅途中更有杀人越货的匪徒出没，商人是最招引灾祸的目标，所以单帮行商危险太大，而组成商队，有武装戒备的话，安全性会增强一些。于是，在频繁的贸易往来中，结伴而行的商队应运而生。

商队的组成通常是，某贸易国的商团组合同行路线的商旅，推举首领，向政府缴纳税金，领取护照，便号称该贸易国的商队。商队首领经政府的认可和任命后，即成为政府的代表，具有政府官员的身份，管理全队的一应事务，有批准奖惩、收留或开除队员直至决定队员生命财产的生死予夺大权，是全队的安全和财富的寄托。商队有取得政府保护和支援的权利。商队的成员，一般根据商品价值，要付给首领一定的报酬，作为入队费。商队在通过有友好关系的国度时，须奉送礼品，交验护照，取得准予通行、贸易和相关供给的权利，有时也兼行使某些政治使命；商队通过没有关系的国度时，则须重新组织商队，纳税领照，成为过境国的商队。商队在旅途中，可不断吸收请求附行的商人，扩大队伍。因而商队的成员，经常由众多不同国籍的商贾构成，甚至有的中亚商队内，包括欧洲商人。商队的出现，使各国的贸易往来有了很强的组织性和安全性，在促进各国贸易发展的同时，也使充满艰辛的丝绸之路在浩浩荡荡的队伍中少去了几份孤独的凄苦。从公元553年发生的西魏凉州刺史史宁，在赤泉袭击吐谷浑商队，截获数量可以知道，吐谷浑的商队规模是很大的。

公元5世纪至7世纪初，吐谷浑不失时机地缩毂青海道，充分利用所拥有的交通设施、牲畜运力、安全保卫、居中通译等优越条件，引导、护送西域商使往来，在维护和提高东西方国际贸易中继站地位的同时，也使青海道在这一时期渐渐繁荣起来。这一时期，吐谷浑道上的吐谷浑都城（今都兰县香日德镇、共和县石乃亥乡伏俟城）、西平（今西宁）等人口集中、交通便利的城镇，逐渐成了来往商人们驻足休息、转运商品、开展交易的重要地点，吐谷浑道沿途的众多戍、小城同时发挥着储存商品的功用。波斯银币、罗马金币等西方货币以及中西丝绸等在吐谷浑道沿途各地大量出土即是明证。

在官方贡使贸易和商队往返贸易兴盛的同时，这一时期，吐谷浑民间以及其与邻国的互市也比较活跃。如与吐谷浑相邻的益州（治今四川成都），和吐谷浑的商业往来非常频繁。益州的老百姓为了获得比较可观的利润，到吐谷浑境内做生意者不少。隋唐时期，赤岭（今日月山）等处曾是吐谷浑国与隋、唐朝廷之间开展互市的地方。

由于积极参与丝路贸易，吐谷浑人积累了数目可观的财富，特别是吐谷浑国的富裕阶层、贵族，通过经商获取了许多金银财宝。吐谷浑的富有，一度曾引起周边国家统治者们的垂涎和觊觎，如北魏、西魏、北周和突厥的统治者多次发动对吐谷浑的战争，主要动机正是为了掠夺吐谷浑的财富。

魏晋南北朝时期是我国人口移动和民族迁徙空前频繁的时代，也是佛教得到较快传播的时代。随着佛教的兴盛，魏晋南北朝时期僧人西行求法也渐成潮流。其中，东晋末年游历西土回国的佛教高僧法显是西行求经成功的典范，另外，途经河南国的昙无竭一行、释慧览一行、途经吐谷浑国的宋云一行、阇那崛多一行等众多西行求法、求经僧侣，都有一定成就，均为吐谷浑道的利用提供了证明。其中尤其值得一提的是，公元518年，宋云、惠生等高僧奉胡太后命由洛阳出发后，据《洛阳伽蓝记》载："……西行四十日，至赤岭，即国之西疆也，皇魏关防正在于此。赤岭者不生草木，因以为名。……发赤岭西行二十三日，渡流沙，至土谷浑国。路中甚寒，多饶风雪，飞沙走砾，举目皆满，唯土谷浑城左右暖于余处。……从土谷浑西行三千五百里，至鄯善城。其城自立王为土谷浑所吞。今城内主是土谷浑第二息宁西将军总部落三千，以御西胡。"文中的"土谷浑国"即吐谷浑国，据学界考证，吐谷浑国都城在今都兰县香日德镇（一说诺木洪古城）。

4.反映中西商贸及文化交流的重要文物举例

丝绸之路吐谷浑道沿线出土了大量能反映中西

商贸及文化交流的文物,它们是丝绸之路青海道存在并一度繁荣的铁证。其中最值得一提的是西域诸国十分珍贵的古钱币,如波斯银币、东罗马金币、拜占庭金币等。下面分别介绍。

波斯银币。1956年,西宁城隍庙街(今解放路)一次出土波斯钱币76枚,其中大多数为金银币,经鉴定为波斯萨珊王朝卑路斯执政时期(457—483年,北魏孝文帝太和年间)所铸。银币为圆形。直径2.5厘米,重3.8克。正面为王者肖像,根据王者肖像的不同,银币分A、B二式。A式的王冠前有一新月,冠的侧面和后部有一雉堞形饰物,冠后有条带末端的两条飘饰,脑后有发髻成球状,项间有联球形项饰,脸前近肩处有钵罗婆文的铭文一行KADIPIRVCI(主上,卑路斯)。B式的王冠,前后有翅形物,王冠的后部是一对翼翅。冠的顶前A面有一条由肩上飘起的带形物,和髻后的一条相对称。A式、B式背面花纹相同,是一般萨珊朝银币的拜火教祭坛,坛上有火焰,火焰的两侧为五角星(或六角星)和新月。祭坛的两侧各有祭祀一人,相对而立。荣新江等专家认为,丝路沿线出土的萨珊银币是从事中转贸易的粟特人携来的,西宁出土大量银币正是他们来华贸易的明证。①

罗马金币。1999年，海西蒙古族藏族自治州乌兰县铜普乡大南湾遗址出土一枚查士丁尼一世（527—565年在位）时期的东罗马金币1枚、波斯萨珊王朝不同时期的银币6枚。东罗马金币直径1厘米，重约2克，打压制成。正面为帝王半身像，头戴王冠，两耳部各垂一对小吊珠耳环。身着交领铠甲。左侧为一圆球，其上立十字架；右侧为"NVSPPAVG"字符。背面为带双翼天使立像（或曰为胜利女神像），左手托一圆球，其上立十字架，右手持权杖，右侧环绕有拉丁文字母"AAVGGGE"。

拜占庭金币。2002年海西蒙古族藏族自治州都兰县沟里乡牧草村的一座北朝吐谷浑人的墓葬中，发现了一枚拜占庭金币。该币直径14.5毫米，重2.36克，边缘剪轮。正面是王的半身像，头部稍偏向一边。头上戴盔，盔顶饰以翎羽。脑后有冠缨结带两股翘起；冠的两侧下垂珠子，露于颊旁。身上穿铠甲，外加战袍，右手持一标枪，左手持盾。金币背面为胜利女神像，侧身向右作前行姿态，右手持长柄十字架，

---

① 荣新江、张志清主编：《从撒马尔干到长安——粟特人在中国的文化遗迹》，北京：北京图书馆出版社，2004年，第5—6页；荣新江：《丝路钱币与粟特商人》，载《丝绸之路与东西文化交流》，北京：北京大学出版社，2015年，第240—248页。

头部与十字架之间有一颗星。金币正反两面都有铭文，王像上下两边还有两个穿孔。铭文由右手处开始，依时针旋转方向排列，以盔顶翎羽分开，成为两节，共17个字母，即 DNTHEODOSIVSP-FAVG。这里的拉丁文，有些是省略字。金币背面为胜利女神像，侧身向右做前行姿态。右手持长柄十字架。头部与十字架之间有一颗八芒的星。脚下一条横线的下面有一行铭文，由五个字母组成：CONOB。两侧都有铭文，一侧为 VOTXX，另一侧为 MV-LTXXX。据考古专家论证，这枚新出土的金币属拜占庭狄奥多西斯二世（408—450年在位）的金币"索里得"。

柴达木盆地吐谷浑、吐蕃时期墓葬出土的丝绸种类之多几乎囊括唐代的所有品种，其中织金锦、缂丝，嵌合组织显花绫、素绫、缬锦等均属国内首次发现。据统计，丝绸残片共350件，不重复图案或色泽的品种达130余种。其中多半为中原汉地织造，占品种总数的85%；18种为西方中亚、西亚所织造，占品种总数的14%。[1] 以西域织造体系为主的丝织品主要有含绶鸟织锦、太阳神织锦以及钵罗婆文字锦。钵罗婆文字锦上面的外国文字，经专家鉴定，是波斯

---

[1] 许新国：《青海丝绸之路在中西交通史中的地位》，《昆仑文汇》1998年6期。

萨珊朝所使用的钵罗婆文字：第一行"MLKanMLKA"，第二行"LBAGOH"。翻译成拉丁文就是：SahanSah（MLKanMLKA）和Wuzurgxwarrah（LBAGOH），意思是"王中之王"，"伟大的，荣耀的"。专家认定，此钵罗婆文字锦是"目前所发现世界上仅有的一件确证无疑的8世纪波斯文字锦"。

西域风格的装饰品、工艺品主要有：

波斯银鎏金双面人头像。出自海西蒙古族藏族自治州都兰县热水一号大墓中。头像为典型的中亚波斯人形象。高3.3厘米，宽2.5厘米。银质鎏金，模制，中空。两面连作人头，头戴小圆帽，深目高鼻。头像为某一器具的组件之一，是中西文化交流的实物例证，也是丝绸之路青海道兴盛的历史见证。

鎏金西方神祇人物联珠饰银腰带。出自海西蒙古族藏族自治州都兰县热水一号大墓中。通长95厘米，宽3.3厘米，厚0.4厘米，牌饰直径6.5厘米。腰带用银丝编织，长条形，上嵌7块圆形牌饰。牌饰鎏金，铸压西方神祇人物图案，周边饰联珠纹。工艺精湛，文化特色鲜明。

上孙家寨出土西域风格银壶。西宁市大通回族土族自治县后子河乡上孙家寨汉晋墓的乙区3号墓出土。该银壶口径7厘米、腹径12厘米、底径5.4厘米、高15.8厘米，为直口长颈，鼓腹平底器，腹侧置单耳。器身系由整块银片切割、捶揲而成，装饰有三组镀金装饰纹带。口沿饰一周波浪纹，宽约0.8厘米，波浪自右向左奔涌，以戳点纹为地。腹部饰卷草纹，为齿状叶片及细长茎蔓围绕多瓣花朵自右向左以二方连续的形式展开，带宽约3厘米。共有6朵不同形式的花叶，每朵中心伸出一花蕾，底部正面展开3至5片花瓣，花瓣有叶状、石榴状、卷曲状等。各花瓣之间伸出1或2条细长的花须，每条顶部托3圆点，象征花蕊。在齿状叶片以及个别花瓣上也缀以圆点。底部饰一周雉堞纹，宽约0.8厘米，每座雉堞共有5阶，也以戳点纹为地。波浪纹和卷草纹均属典型的希腊装饰纹样，雉堞纹是伊朗阿黑门尼德王朝时期流行的装饰纹样。此银壶风格奇特，在迄今为止中国境内的考古遗物中鲜有可类比者。专家推测，这件希腊化帕提亚装饰风格的银壶，可能是公元3世纪的安息（其范围大致相当于今伊朗的呼罗珊地区）制品，经匈奴人辗转输入青海省境的。

"谨封"铜印。由海西蒙古族藏族自治州都兰县牧民角巴从一座塌墓中捡得，捡拾古印的古墓距都兰热水一号大墓只有100多米。铜印由紫铜铸造，长、宽只有3厘米，厚仅0.3厘米，"谨封"2字为阳文篆书，文体浑厚，刀法纯熟。印的背面有一个蛇形环钮。"谨封"铜印作为印信，担负着记录、传递重要军情等的功能，在国内堪称孤品。1989年11月，程起骏先生将此印捐赠给青海省档案馆。后经中国文史研究馆馆长启功先生鉴定，认为此印的使用年代可能在公元8世纪上半叶，也不排除吐蕃占据河西之后在往来信函上继续使用这种封印的可能。其铸刻时代应略早于它的实际使用时间。唐时往来公函弥封后，用线捆绑，再打上封泥，封印即压盖在封泥上，然后方可递送。此铜印的出土从一个侧面证明当时唐、蕃之间有过十分频繁的交往。

胡人牵驼图模印砖。西宁市湟中县总寨镇徐家寨汉晋墓出土。模印砖是汉晋时期砖室墓中一种带有浮雕图像的墓壁砖，由雕好的印模压铸而成。徐家寨汉晋墓出土的模印砖呈长方形，长18.7厘米，宽15.5厘米。画面主题为一双峰骆驼，驼峰背部置有骑具，驼前有一牵驮胡人，头戴扁帽，脚穿长靴，右手执缰绳，左手握长巾，身穿窄袖短袍，背景是一排起伏的山峦。画面构图新颖、简洁，风格粗犷而古朴，是青海独具风格的珍贵文物，也是中西文化交流中丝绸之路青海道存在的历史见证。

三、丝路贸易的复兴与渐趋衰落

唐后期及五代时期，随着吐谷浑国退出历史舞台，兴盛一时的丝绸之路吐谷浑道也渐趋沉寂。北宋时期，建都于青唐（今西宁市）的唃厮啰政权崛起后，不但竭力加强与宋、辽、西夏之间的联系，而且强化同西域的沟通，采取诸多措施，促使中西通道青海路一度出现繁荣局面。唃厮啰政权同中国内地、西域政治经济文化交流的加强，促进了其辖区内的商品流通和经济繁荣，也增强了该政权的经济、军事实力。人们将这一时期再次兴盛的丝绸之路青海道称为"青唐道"。南宋时期，青海地区归西夏统治，丝绸之路青海道再度趋于冷落。蒙元时期，由于蒙古西征的胜利，使东西驿路通畅，丝绸之路又出现繁荣迹象。青海回族、撒拉族先民主要就是那时自西域东来的。明朝采取闭关政策，陆上丝路作为中西交通路线远不如海路重要了。清朝继续实行"闭关锁国"政策，丝绸之路更趋衰落，青海道也是同样。不过，元、明、清、民国时期，青海省境内的驿道和驿传设施有了大的发展，与丝绸之路青唐道相关联的交通状况有了巨大改善，对该区域经济社会的发展起了推动作用。

青唐道的兴起及其构成

公元960年，北宋王朝建立，此后逐步结束了中原地区的混乱局面。西北地区的甘州（治今甘肃张掖市）回鹘、西州（今新疆维吾尔自治区吐鲁番东南）回鹘和于阗（一作于寘，王治西城，今新疆维吾尔自治区和田）等地方政权纷纷遣使进贡，与北宋保持着频繁的朝贡贸易关系。一时间，从内地到西域，道路畅通，商旅如流，昔日冷清的丝绸之路又逐渐恢复了繁忙。在丝路贸易逐渐得到恢复的最初几十年中，往来于西域和内地的贡使团队和商人多由河西走廊道及灵州（治今宁夏灵武市西北）、泾原（今宁夏南部）道行走。公元11世纪初，活动于今宁夏和陕西北部的党项族逐渐强大起来，不仅控制了贡使团队和商人们必经的灵州、泾原道，而且不断向河西走廊地区扩张势力。特别是元昊建立西夏国后，积极向河西走廊地区用兵，最终于公元1036年完全控制了河西走廊地区。那时西夏统治者没有看到境内丝路贸易背后蕴藏的巨大商机，只是极力盘剥商贾，获取短期的暴利。据史书记载，西夏控制了河西走廊地区后，对于通过境内丝绸之路贸易的商人盘查很严，抽取十分之一的货物作为税收，使贡使和商人们叫苦不迭。为了避开西夏的劫掠和盘剥，中西贡使和商人们改行唃厮啰政权掌管的丝绸之路青唐道，逐渐使青唐道得以复兴。

唃厮啰政权是北宋时期以河湟地区吐蕃人（藏族前身）为主建立的地方性政权，以其都城在"青唐"（宋代吐蕃人对西宁的称呼），又称青唐吐蕃政权、安多吐蕃政权。唃厮啰政权值得称道的一大建树就是造成中西陆路交通青唐道的一度复兴。

青唐道是宋代丝绸之路青海道的别名。青唐道其实与汉魏时期中西陆路交通主干道东段南线的主体——羌中道基本重合，只是不同历史时期道路名及途经城镇、某些地点的叫法不同而已。青唐道总体呈东西向，大致以青唐城（今青海西宁）为中心，东至熙州（今甘肃临洮）为东段，可称"河湟道"，再向东延伸，可达北宋都城汴京（今河南开封）；向西经青海湖南岸、北岸，横贯黄头回纥居住区（柴达木盆地西北部）至今新疆维吾尔自治区若羌为西段，可称"黄头回纥道"，再向西延伸，可通达西域各国。

青唐道并非单一的线路，它还有不少支线，有的大体呈东西向相互并行，如黄头回纥道南线、黄头回纥道北线；也有呈东南—西北向与丝绸之路河西走廊道相连的小支线，如甘州—青唐道、青海湖—肃州道等。黄头回纥道所经地区主要由洪积、冲积、湖积平原和沙漠戈壁组成，途经若干处较优良的绿洲带，但人口稀少，供应很不方便。"河湟道"途经地区多山谷、河流、关隘，但人口稠密，有较多城镇，驿路相对完善，供应较为方便。

在甘州回纥没有被西夏灭亡前，即北宋景祐三年（西夏大庆元年，1036年）之前，西域贡使和商人先经河西走廊西段到达甘州（今甘肃张掖），然后从甘州南下，由大斗拔谷（今青海、甘肃交界之扁都沟）越过祁连山进入青海境内，并大体上沿今天的宁（西宁）张（张掖）公路到达青唐（西宁）。此即甘州—青唐道。然后由青唐向东经过宗哥（今青海乐都碾伯镇）、邈川（在今青海民和境内），再向东南渡过黄河，到达河州（今甘肃临夏）、熙州（今甘肃临洮），再从这里前往中原地区。公元1036年西夏控制整个河西走廊后，往来中原的西域使团、商旅不得不改道相对荒凉的柴达木盆地，即"黄头回纥道"。

据《宋史》卷492《吐蕃传》载："厮啰居鄯州（即青唐），西有临谷城（即东汉临羌城，今湟中县多巴）通青海，高昌诸国商人，皆趋鄯州贸卖，以故富强。"又据《宋会要辑稿·蕃夷四》载北宋神宗元丰四年

（1081年）十月六日记事云："拂菻国贡方物，大首领你厮都令厮孟判言：其国东南至灭力沙，北至大海，皆四十程。又东至西大石及于阗王所居新福州，次至旧于阗，次至约昌城，乃于阗界。次东至黄头回纥，又东至达靼，次至种榅，又至董毡所居，次至林檎城。又东至青唐，乃至中国界。"据专家考证，"拂菻国"隋唐时代指东罗马帝国及其所属西亚地中海沿岸一带，似以君士坦丁堡一带为大拂菻，以小亚细亚为小拂菻。宋代拂菻指塞尔柱突厥人统治下的小亚细亚一带地方。"西大石"一作"西大食"，当指疏勒国（都疏勒城，今新疆维吾尔自治区喀什）以西、兴都库什山以北的大石国西部。"新福州"又写作"新复州"，在旧于阗国西方，当是今新疆维吾尔自治区的喀什市或叶城县。"约昌"或作"灼昌"，即"朱里章"或"车尔臣"的异译，指新疆维吾尔自治区且末县的古城。黄头回纥指当时的龟兹回鹘国，在罗布泊东南，奄至柴达木盆地西北部。"种榅"为仲云的异译，为突厥部族之一，曾长期从属于回鹘汗国。[①] "董毡"是青海的吐蕃唃厮啰政权首领之名，青唐城在今青

---

① 有的学者认为"种榅"或"仲云"，指"小月支的遗种"。参见汤开建：《解开"黄头回纥"及"草头鞑靼"之谜——兼谈宋代的"青海路"》，《青海社会科学》1984年4期。

海省西宁市。"中国"指宋朝。从以上引文推断拂菻国使者所行路线,学界有不同意见:一种观点认为,东罗马拜占庭帝国使者到中原地区,走的是吐谷浑时代的青海道,即取道今天新疆维吾尔自治区且末、若羌一带,经过黄头回纥居住的柴达木盆地西北部,又经黄头鞑靼(或误作"草头鞑靼")居住的今甘肃河西走廊西部,然后南越祁连山,可能过青海湖滨,经林檎城(又名宁西城,在今青海湟中县多巴镇)到达青唐。另一种观点(以汤开建先生为代表)认为,拂菻国使者"从黄头回纥(西州回纥)东行至鞑靼的路线即经过伊州(今哈密)东行沿马鬃山(今北山)北麓前往,至合罗川(额济纳河),也即王延德使高昌之路,与今天额济纳旗至吐鲁番的公路线相合"。到额济纳河一带后,"拂菻使者以东向行进折转为南下前进,他们沿着额济纳河南行,穿过张掖、民乐,经张掖南祁连之山口——扁都口(大斗拔谷)到达种榲……至种榲后,只能经大通河,继沿湟水支流北川河南下"。之后,经过"董毡所居"、林檎城,然后到达青唐城。再从青唐前往北宋。汤开建先生认为,所谓"董毡所居"就是建于北川河旁的一个城市,这个城市很可能就是《宋史·地理志》中记载的"氂牛城"(一作猫牛城,后改称"宣威城",在今大通县桥头镇下庙村内）。①

中西往来的使团、商旅取道柴达木盆地，可能走黄头回纥道的例子又如，宋元丰六年（1083年）五月，"于阗贡方物，见于延和殿，上问曰：'离本国几何时？'曰：'四年。''在道几何时？'曰：'二年。''经涉何国？'曰：'道由黄头回纥、草头达靼、董毡等国。'又问：'留董毡几何时？'曰：'一年。'问：'达靼有无头领部落？'曰：'以乏草粟，故经由其地，皆散居也。'上顾谓枢密院都承旨张诚一曰：'达靼在唐与河西、天德为邻。今河西、天德隔在北境，自太祖朝尝入贡，后道路阻隔，贡奉遂绝。'又问：'尝与夏国战者，岂此达靼乎？'曰：'达靼与李氏世仇也。'又问：'道由诸国，有无抄略？'曰：'惟惧契丹耳！'又问：'所经由去契丹几何里？'曰：'千余里。'"② 以上引文中黄头回纥居牧地在柴达木盆地西部，董毡即董毡，唃厮啰政权第二代主。一般认为，于阗贡方物的使者似乎走的是经柴达木盆地的青唐道。③ 但是，汤开建先生否定此观点，他认为

---

① 参见汤开建：《解开"黄头回纥"及"草头鞑靼"之谜——兼谈宋代的"青海路"》，《青海社会科学》1984年4期。
② 〔宋〕李焘撰：《续资治通鉴长编》卷335"元丰六年五月丙子条"。
③ 国内部分学者和日本学者持此观点。参见日本学者桑田六郎：《回纥衰亡考》及榎一雄：《关于王韶的熙河经略》一文。

于阗贡方物的使者所行路线与几年前拂菻国使者所行路线是一样的,即出于阗界后,不是东行入青海境,而是继续东偏北行往新疆吐鲁番盆地,经今哈密东行,沿今北山北麓前往额济纳河一带,然后折向南行,经过扁都口到达青唐城(西宁),再从青唐前往北宋的。他的考证周详深入,更有说服力。

不过,汤开建先生根据李远《青唐录》的记载,认为:"从西宁出发,沿青海湖南岸西行,穿过柴达木盆地,西出阿尔金山口,折西行至于阗",才是平常所行走的路线。《青唐录》说:"自青唐西行四十里至林金城,城去青海,善马三日可到,海广数百里,其水咸不可食,自凝为盐,其色青。……海西地皆平衍,无垄断,其人逐善水草,……至此百铁堠,高丈余,羌云此以识界。自铁堠西皆黄沙,无人居。西行逾两月,即入回纥、于阗界。"汤开建先生申明:在西夏时代,前述"纵断河西的交通线并不是经常可以通行的,恐怕还是在极特殊的情况下人们才走这条道。一般还是走宋云西行的路线。"由于宋云西行的柴达木南线"地理条件太恶劣,所以,只要有其他道可通行时,这条十分艰苦的商道人们是不愿意涉足的"①。

---

① 参见汤开建:《解开"黄头回纥"及"草头鞑靼"之谜——兼谈宋代的"青海路"》,《青海社会科学》1984年4期。

近年海西蒙古族藏族自治州文物部门在第三次文物普查中，于茫崖行政委员会花土沟镇再次确认了那仁萨拉三角城，还在大柴旦镇马海村、鱼卡村，德令哈市怀头他拉镇、尕海镇，及乌兰县茶卡镇等处共新发现十余座烽火台遗迹，①那仁萨拉三角城和众多烽火台的始建年代尚难确定，属明清时期的可能性较大，但也不排除其中有一部分可能为宋元甚至更早时期所筑。

宋时于阗国多次遣使朝贡。据《宋史·于阗传》载熙宁（1068—1077年）后，于阗国使者"远不逾一二岁，近则岁再至。所贡珠玉、珊瑚、翡翠、象牙、乳香、木香、琥珀、花蕊布、硇砂、龙盐、胡锦……"等，宋朝则"每赐以晕锦旋襕衣、金带、器币"等。于阗国还曾向宋进贡过西域地图。而甘州回鹘自北宋太祖建隆二年（961年）至北宋仁宗天圣六年（1028年）遣使（包含贡使贸易）至北宋至少有28次，②开

---

① 辛峰主编：《海西州第三次全国文物普查资料精选》，北京：中国民族摄影艺术出版社，2013年，第9、17、19、20、23、25、26、27、51、86、101、102页。
② 陆庆夫：《论甘州回鹘与中原王朝的贡使关系》一文认为："笔者试以《册府元龟》、《资治通鉴》、新旧《五代史》、《五代会要》、《宋史》、《宋会要辑稿》等史书及敦煌文献的记载为依据，对甘州回鹘贡使出使唐、五代及北宋各朝的次数统计如下（事实上的贡使次数应多于此统计数）：唐5次；后梁3次；后唐13次；后晋8次；后汉2次；后周8次；北宋28次。"载《民族研究》，1999年第3期。

始的时候走的是灵州道或草原道，后改走青海道。

由于唃厮啰政权长期奉行联宋抗夏的外交政策，为青唐道的畅通创造了便利条件，直到北宋末年，史书仍有于阗的使者不断经青唐城或柴达木盆地来到北宋朝贡的记载，说明青唐道在这个时候仍然畅通无阻。

宋元时期商旅等使用丝绸之路青海道史实举例

北宋时期，建都于青唐（今青海西宁市）的唃厮啰政权加强同中国内地、西域的政治经济文化交流，中西贡使和商人们避开西夏掌控的河西走廊，改行唃厮啰政权掌管的丝绸之路"青唐道"，逐渐使"青唐道"得以复兴。

中亚、波斯和阿拉伯的商人，历来就是沟通东西方的陆上和海上丝绸之路最活跃的人群。公元11世纪末初，西域国喀喇汗王朝吞并于阗，占据了天山南北。喀喇汗王朝被中国史籍称为"黑汗王朝"，它与宋朝的交往比较频繁，唃厮啰政权在二者交往中起过积极作用，推动了丝绸之路青海道的兴盛。据《宋史·于阗传》记载，元丰四年（1081年），于阗"遣部领阿辛上表称：'于阗国偻罗有福力量知文法黑汗王，书与东方日出处大世界田地主汉家阿舅大官家。'大略云路远倾心相向，前三遣使入贡未回，重复数百言。董毡使导至熙州，译其辞以闻。诏前三辈使人皆已朝见，锡赉遣发，赐敕书谕之。神宗尝问其使去国岁月，所经何国及有无钞略。对曰：'去国四年，道涂居其半，历黄头回纥、青唐，惟惧契丹钞略耳。'"黑汗王使者绕行丝绸之路青海道是为了避开契丹的钞掠，他们能经熙州（治今甘肃临洮）顺利到达宋都，全赖唃厮啰政权的引导及提供的语言翻译。

青海河湟地区的吐蕃商人常去河州（治今甘肃临夏）、熙州（今甘肃临洮）榷场贸易，他们交易的商品除了有马匹、粮食、麝香、水银、朱砂、牛黄、珍珠、珊瑚、生金、木香、三雅褐、花芯布、兜罗锦、绒毛、羚羊角、竹牛角、红绿皮等土特产外，还有银枪、铁甲等手工艺品和兵器。北宋支付给他们的主要是茶叶、丝绸等，当然也有钱币。中原地区大量的手工业品、农副产品及文化用品传入吐蕃各部之中。当时青唐城交易的商品，既有来自中原地区的各种生活用品和生产工具，也有来自西域和西亚地区的珍珠、象牙、玉石等珍奇商品，还有产自本地的马、牛、羊等畜产品和鞍具、刀剑、甲胄等手工业品。

元代，随着蒙古对东西方各国的征服，中国和中、西亚伊斯兰世界同处于蒙古统治之下。元朝皇帝是全蒙古的大汗，统治中、西亚的察合台汗国和伊利汗国是元朝的宗藩之国，有驿道相通，商旅往来畅通无阻，于是东来的色目人尤其回回商人为数更多。其中，很多人喜欢中国的风土、物产，又享有元廷对他们的种种优待政策，于是留居不返。其中有一部分定居西宁。元代初年，西宁州城既是交通要道，又是商业繁盛的城镇，是东来西往经商人士的必经之地。由于西宁州商业较为兴盛，元世祖至元二十三年（1286年）设立了"西宁州等处拘榷课程所"，专门负责赋税征收事宜。

元代经常在包括青海地区在内的西北各地组织"和市"。这种"和市"虽然和此前历代中央王朝在青海举办的边关互市贸易有很大的不同，存在的时间也比较短，但它是青海地区互市贸易的延续，在一定程度上促进了青海境内商业贸易的发展，具有积极意义。1955年柴达木盆地格尔木农场第一作业站平土造田时，发现用毛毡包裹的一大包元代纸币，共有400余张，包括元朝不同时期发行的多种纸币，上面盖有中书省、尚书省的朱红官印，钞面上印有汉文楷书"中统元宝交钞"或"至元通行宝钞"字样，也有八思巴文，面值有"壹贯""贰贯""伍佰文"3种，先后印行于元代中统、至元、至正时期。这批纸币系用桑皮纸印制而成,因柴达木气候干燥,保存得很完好。这批珍贵文物的出土,从一个侧面反映出当时青海地区商业贸易曾正常开展的历史事实。

元代经青海西宁去西藏的驿路较为畅通,内地的茶叶、盐、布、绢、姜、纸、粮食、各种器具和衣物,涉藏地区的马匹、各种畜产品、红花、虫草和其他药材、土产都在沿线得以交易。在汉、藏经济交流加强的同时,涉藏地区与内地的文化交流也得到加强。藏族的造塔、塑像工艺等传入内地,而内地的印刷、建筑等技术也于此时传入涉藏地区。

积极开放的重商政策

在青唐道成为西域和内地政治经济文化交流桥梁的同时,唃厮啰政权的统治者们以开放的胸襟、超前的眼光,采取了许多积极措施来促进境内丝路贸易的发展。在唃厮啰政权的辖境内,官方不仅设置了许多驿站来接待过往的贡使团队和商人,而且还要求各部族的人对过境商人要友好相待,为他们提供食宿,商人只需付给相应的费用或货物即可。为了保护携带大批货物的贡使团和商队安全出入境,官方还专门派兵护送，使西域各国的贡使能够安全抵达北宋京城开封。对于留在其境内做生意的外国商人，官方不仅允许他们自由从事交易活动，而且在某些方面给予支持和照顾。在青唐城，官方还特意划拨出一片土地，专门供外国商人修建屋宇货栈，定居贸易，收取的税费也比较低。

在为过境的贡使和商人提供各种便利的同时，唃厮啰政权也积极参与到丝路贸易当中。官方除了大力鼓励国内的百姓同外国商人做生意，换取各种生产生活必需品外，还常常以官家的身份，同各国的商人开展商贸交易。在唃厮啰政权给北宋朝廷的贡品中，除了本地出产的马匹和畜产品外，有许多从西亚和西域商人手中交易来的象牙、珍珠、玛瑙等珍贵物品，甚至还有狮子等猛兽。此外，唃厮啰政权给出境做生意的本国商人提供各种便利条件。官方的驿站积极为本国商人服务，提供食宿方便。而且，官方还通过外交途径，征得北宋政府的批准后，在距北宋京城开封比较近的陕西的一些州府县设立"唃家位"，作为官方和本国商人存放商品的地方。①

---

① 邵伯温：《邵氏闻见录》卷13记载："吐蕃在唐最盛，至本朝始衰。……独唃厮啰一族最盛，虽西夏亦畏之，朝廷封西平王，用为藩翰。陕西州县特置驿，谓之唃家位，岁供奉不绝。"

唃厮啰政权奉行重视商业贸易和友好对待过境贡使、商人的政策，不仅得到了北宋政权的赞许和支持，进一步密切了两国之间的关系，而且也受到了各国贡使和商人们的欢迎，吸引了大批贡使和商人改行青唐道，来到青唐城开展贸易活动，加强了唃厮啰政权同西域和内地的政治经济文化交流，促进了国内的商品流通和经济繁荣，极大地增强了国力。就连当时的宋朝人也认为，唃厮啰政权境内交通便利，西域各国的商人都来到青唐城开展贸易活动，使唃厮啰政权因此强盛起来。

丝路重镇青唐城

伴随丝路贸易的日益兴盛，青唐道上逐渐兴起了一批新兴的商业城镇，如青唐城、宗哥城（在今青海乐都碾伯镇）、廓州城（在今青海化隆群科镇）、邈川城（在今青海民和境内）等，其中青唐城是规模和名气最大的一个。

青唐城由于地理位置和自然条件比较优越，自汉以来逐渐成为河湟地区的政治、经济和文化中心。吐蕃占领该地后，改名青唐，青唐一名便载于史册。大约北宋明道元年（1032年）前后，被认为是吐蕃赞普后裔的唃厮啰率领族人迁徙到青唐，建立了自己的政权。唃厮啰定都青唐后，在原有的基础上修筑城池，营建宫殿，进行了大规模的城市建设活动。后来，经董毡、阿里骨两位青唐国主的不断建设，整个青唐城初具规模。

据北宋人李远所写的《青唐录》一书记载，当时的青唐城广二十里，分东西两城，东城居住着数百户在战争中降俘或流散于此地的羌人和西域各国来此地做生意的商人。"唯陷羌人及羌人之子孙、夏国降羌，于阗、回纥往来贾贩之人数百家居之。"青唐国主居住在西城，城内还居住着数千户唃厮啰部众，城上建有两重谯楼（城门上的瞭望楼），谯楼后设有中门、仪门，仪门北200余步有大殿九楹。城西建有很多佛祠，僧尼众多。整个城市的布局既有内地城池的特点，又有浓郁的民族特色。

在青唐城城市规模不断扩大、城市功能不断完善的同时，大批吐蕃贵族和商人陆续迁入城中，经青唐道往来于西域和内地的贡使、商人，大多在此驻足休息，消除劳顿，补充物资，然后继续前进。据史书记载，当时往来青唐城做生意的不仅有从中原地区赶来贸易的内地商人和从西域地区赶来的于阗、回鹘、高昌等国的商人，而且还有来自古波斯和西亚、阿拉伯半岛的西方商人。由于有优越、安定的贸易环境，许多商人在这里逗留一年或数年后才离开，有的干脆在城中修建房屋，定居经商。这些商人中，资本多达二三十万贯的并不少见。在青唐城的市场中，既有来自中原地区的各种生活用品和生产工具，也有来自西域和西亚地区的各种珍奇商品，还有产自本地的马、牛、羊等畜产品和鞍具、刀剑、甲胄等手工业品，可谓商品云集，琳琅满目。

青唐城商业的兴旺，不仅极大地带动了唃厮啰政权境内商业的繁荣，促进了农牧业的发展，加快了人口的增长，而且也为唃厮啰政权的统治者们带来了巨大的经济利益，积累了十分可观的财富。北宋元符二年（1099年），当宋将王赡率领大军进入湟水流域时，已经被逐出青唐城的青唐国主瞎征（阿里骨之子），前往宗哥城投降了王赡，并对王赡说，青唐城积蓄甚多，如果大军到了那里，可以供应一万军队十年的费用，还有无数金银珠宝。说明当时青唐城的商业非常繁荣，积累了数目可观的财富。

崇宁元年（1102年），北宋为了开边拓地，再次向湟水流域用兵。崇宁三年（1104年），宋军占领青唐城后，置鄯州，随后改名为"西宁州"，青唐这一名称便被西宁所取代，西宁之名一直沿用到了今天。

北宋灭亡后，河湟地区处在金和西夏的统治之下，由于多年战争，商业萧条，青唐城在丝路贸易中所起的"中转站"的作用也逐渐消失了，青海地区的丝路贸易也从此一蹶不振。

丝绸之路青海道渐趋衰落

青唐道复兴期终结后，到了南宋时期，由于朝廷无法控制西北地区，因而丝绸之路的衰落日趋明显，而南方丝绸之路与海上丝绸之路的开辟，大有逐渐取代西北丝路的趋势。元代以来，我国空前的大一统局面逐渐形成，特别是元朝政府在幅员辽阔的国境内设立了四通八达的驿站，促进了道路交通事业的快速发展，使国内已经江河日下的丝路贸易又有了一定程度的恢复和发展。当时，经北方草原和河西走廊到西域的丝绸之路草原道和河西道畅通无阻，欧、亚地区许多国家的商人都通过这两条路经西域来到中原地区开展商贸交易。而最南面的青海道，由于交通条件相对比较差，往来的东西方商人和使者寥寥无几，因此，很快就冷清下来。

明代，由于世界航海事业有了长足的进步，中国与欧洲和西亚许多国家的贸易交往，大部分通过水路来进行。但陆路丝绸之路仍然是当时西亚、中亚和西域地区的商人到中原地区的捷径，因此，丝路贸易在明代还一度有所恢复和发展。据史书记载，当时通过陆路丝绸之路来到中国进行贸易的不仅有意大利人、西班牙人、波斯人、土耳其人，还有中亚的撒马尔罕人、塔什干人等，至于西域哈密、于阗、别什八里等地的人，那更是络绎不绝。这些商人们往返时经过的道路，基本上是丝绸之路河西道。他们从西方带来珊瑚、琥珀、玉石以及各种珍禽异兽，从中国带回丝织品、大黄、茶叶等商品。

清朝实行"闭关锁国"政策，并且当时的奥斯曼帝国匪盗猖獗，加上其对西亚的掠夺，丝绸之路更趋衰落。与此同时，西方的欧洲文明不断地扩大自己在中亚的影响，中国在古代世界的主流地位被取代。并且，工业革命使交通业大大发展，丝绸古道的徒步旅行便不再像以前那样需要。我国与西方的贸易通道移往水路，陆路丝绸之路在青海道衰落的几百年后，最终也走上了全面衰退的道路，渐渐不为人们所关注了。

虽然作为中西陆路交通有机组成部分的古丝绸之路青海道不可避免地衰落下来，但是，并不是说青海道作为局部区域通道也衰落不振了。相反，明、清、民国时期,自古以来留传下来的青海道作为区域通道,对它的使用仍然在延续,某些方面诸如驿传设施、路况改善等等还有很大发展。

茶马互市

茶马互市就是茶叶与马匹直接交换,不经过钱币作为中介的一种物物交易形式。历史上茶马互市发生在我国西部,主要在汉、藏两族之间进行,延续时间上千年,在我国商贸史和民族史上占有重要地位。自唐代以来,茶叶和马匹成为联结汉藏两族人民的纽带。茶马互市曾经对繁荣农牧业经济,改善农业区和牧业区的生产和生活结构,促进民族间的和好共处发挥了非常重要的作用。事实上,茶马互市并不是单纯的商业行为,它自始至终或深或浅地打着政治的烙印。官府将茶叶垄断起来,由政府出面与产马而又迫切需求茶叶的少数民族进行交换,在交换过程中,有时政府方面附加一些政治要求。不同的历史时期,官方设置不同的管理茶马互市的机构,出台不同的禁止走私措施,采取不同的交易方式,实行不同的茶马比价,因此,延续上千年的茶马互市有着十分丰富的内容，它还演绎出不少有意思的故事。

一、漫长的起点

茶马互市起源于唐代。唐太宗时，文成公主远嫁吐蕃，带去了茶叶和中原地区的饮茶方法，此后吐蕃王室和上层贵族饮茶者逐渐普遍起来。据李肇《唐国史补》卷下记载，唐德宗建中年间（780—783年），"常鲁公使西蕃，烹茶帐中。赞普问曰：'此为何物？'鲁公曰：'涤烦疗渴，所谓茶也。'赞普曰：'我此亦有！'遂命出之，以指曰：'此寿州者，此舒州者，此顾渚者，此蕲门者，此昌明者，此㵐湖者。'"从这条史料可知，当时吐蕃赞普对茶叶的知识已非常丰富，能够说出茶叶的具体产地，而且他所具有的茶叶已包括了内地主要产茶地的品种。当时流入吐蕃的茶叶所借助之途径应主要是民间贸易。唐代实行茶马互市只是偶然为之，总体来说交易次数很少，规模很小。有的书上记载唐肃宗时，回纥帮助朝廷平叛有功，朝廷允许回纥以马易茶。其实当时回纥人更看重的是唐朝的丝绸绢帛，用马与唐朝交换的主要是绢，茶叶极少。据正史记载，与青海有关的易马史实发生在唐元和十年（815年）。那年，唐朝为了讨平吴元济之乱，宪宗命中使到黄河上游大拐弯的河曲地区换马，以供军需，但当时用以换马的仍然主要是绢帛。不过，我国历史上对茶叶实行征税、管制、专卖措施者实始于唐。大和九年（835年），朝廷令茶户将茶树移植官场，茶叶产销全由政府垄断。此后，小规模的茶马互市现象开始多见。公元10世纪末，后唐与契丹确实进行过多次较大规模的茶马市易。

茶马互市的必然性

真正较大规模的茶马互市开始于北宋时期。北宋因为常常与辽、西夏发生战事，作为当时战争的重要装备——战马消耗多、需求量大，而本土又不易解决，于是便把获取马的希望寄托在西北地区的少数民族上。世居青藏高原以及甘南、川北地区的吐蕃人主要经营畜牧业，习惯于食用热量高的肉制品、乳制品，同时需要便利消化的饮料。茶叶具有化腻、消食、提神等功能，深受藏族同胞的喜爱。一旦饮用，就离不开它。天长日久，渐渐地茶叶成为他们日常生活不可或缺的必需品。但藏族聚居区却不产茶，他们获取茶叶只能仰仗内地供给。于是，茶马市易、互通有无，就成为宋朝与西北吐蕃族共同的需求和愿望。

宋代，茶叶生产比前代有了较大发展，具有雄厚的物质基础。统治者继承了"国家大事在戎，戎之大事在马"的传统观念，重视茶政和马政。宋神宗励精图治，想富国强兵，扭转"积贫积弱"的局面，经过比较，发现以茶易马比用钱币、绢帛易马合算得多，于是作出以茶易马的明智决策，从此成为定制。宋代沿用晚唐做法，实行茶叶政府专卖制度。宋代茶马互市的规模比前代大有发展，政策和措施也进一步完善。

宋初规定，茶民（园户）所产茶叶除自己饮用者外，要全部交给官府，官府付给园户本钱后，对茶叶实行专卖。园户如果匿不送官或私自销售者，茶叶将被没收，并按藏匿和私售数量的多寡治罪。商人向国家纳税后可以经销茶叶，但不能出境。仁宗天圣时（1023—1031年），停止官给本钱收购全部茶叶的做法，改为听任园户与商人自行交易，官府抽取一定额的利息即可。嘉祐时（1056—063年），改向园户收租，向商人征税。徽宗崇宁元年（1102年）开始实行"茶引法"。"茶引"就是政府发给商人运销茶叶的凭证，商人交纳茶价和税款后可以申领"茶引"，凭"引"卖茶。"引"有"长引""短引"之分，运销数量、地点都有限制。贩卖茶叶利润很大，商贩如果把茶叶运到西北地区，获利常至数倍。

建都于青唐的唃厮啰政权奉行依宋抗夏的基本国策，历代国主都接受宋朝的封号，无论从政治上考虑还是从经济上考虑，他们都愿意与宋长期维持茶马互市的关系。

茶马司的诞生

神宗熙宁七年（1074年），朝廷派"三司干当公事"（官名）李杞进入四川，谋划并经营在蜀地买茶，运至秦凤路（治所在今甘肃天水）、熙河路（治所在今甘肃临洮）换马的事宜。据《宋史·职官志》记载，当时熙河路都总管经略安抚使王韶向朝廷建议："西人颇以善马至边，所嗜唯茶，而乏茶与之为市，请趣买茶司买之。"王韶反映的情况是：吐蕃常将品质优良的马赶到边境易换茶叶，但官府贮备的茶叶很少，请朝廷督促买马司快点买茶来。在此前后，宋朝发动的熙河之役取得胜利，将唃厮啰政权属下的熙、河等六州之地全部划入北宋辖区，在熙、河、岷三州及通远军、永宁寨设买马场，控制了河湟地区吐蕃对宋的马市。但当时管买马的与管卖茶的是互不相干的两个机构，一个叫榷（专卖）茶司，一个叫买马司。成都和秦州（治所在今甘肃天水）都设有这两个机构。熙宁八年(1075年)，提举茶场李杞上奏说："卖茶买马，固为一事，乞（提举茶场）同提举买马。"就是说，卖茶和买马的机构应当合并起来。这个建议得到朝廷批准。但后来这两个机构仍然时分时合。元丰四年（1081年），群牧判官郭茂恂再次建议让提举买马官通管茶场。二年后朝廷设立了"都大提举茶马司"，置提举官，掌管以川茶与少数民族贸易马匹事宜，并规定凡是与四方少数民族交易马匹，全部必须用茶叶去换，并下诏书专以雅州名山茶为易马用。此后，虽管买马与管茶场的机构又有分合变迁，但为时不长，职任又归合一。掌理茶叶专卖与买马事宜的机构几经分合，终于合并以"茶马司"的名义固定下来，成为明、清因循不改的定制。榷茶司与买马司最后合并为茶马司，从管理层面理顺了关系，从而为茶马互市的顺利开展提供了体制保证。

互市量大增

由于宋朝在熙河路设买马厂6处,并对市易场所加强了管理,于是这里的茶马交易日益活跃起来。神宗熙宁八年(1075年)后,熙河路每年通过交易获得马匹1.5万匹,到哲宗绍圣中(1094—1097年),增至2万匹,并成为定额。这个数字差不多是宋初从全国市得马匹总数的4倍,为诸路买马之最。而熙河路市易的马源主要来自唃厮啰所辖各部。崇宁二年(1103年)八月,熙河兰会路勾当公事(官名)童贯,令熙河、岷州、通远军将当地现有存茶全部搬运到湟州(治所在今青海民和县境),专供易换这一地区马匹之用。[①] 唃厮啰所辖各部的马匹除直接赶到熙河路、秦凤路各市场进行交易外,其首领还帮助宋朝边官买马。如元丰四年(1081年),宋朝命熙河、秦凤二路买马场将统一马价告知青唐国主董毡属下首领景青宜党令支等,让他们回到青唐后告谕董毡,希望他鼓动吐蕃各部人前来市场卖马交易。熙宁至元丰年间(1068—1084年)宋朝每年运往熙河的茶

---

① 《宋会要辑稿·食货三〇之三三》:"八月七日,都大提举成都府、利州、陕西等路程之邵奏准'熙河兰会路勾当公事童贯已牒令熙、河、岷州、通远军将见在茶尽数支拨搬运,赴湟州应副支博蕃部物斛。"

叶是4万驮。

关于茶马比价，宋代的资料不是很多。宋初买马实行的是"券马上京"制，朝廷派人沿边设招马处，并入吐蕃地区招马，每聚马五七十匹至百匹为一券，官府发给路券，让卖马者将马赶到交换地点核报，每匹马先付给1000钱，然后人马沿途费用由官府负担，直送京师。送马人在京城休息数日，再到估马司估值结算。每匹马的价钱不下五六万钱。那时茶价还比较低。英宗后期停止了这种招马方式。神宗时开始设茶马司，在沿边地方以茶易马。由于来卖的马比较多，马价比以前低贱了，每匹马平均不足3万钱，即30贯，而茶价由原先每驮12贯涨到20多贯。总之，宋初马贵茶贱，后期茶贵马贱。吐蕃百姓在茶马互市中还往往受到宋朝官府、贪官污吏以及商人的盘剥，互市并不是建立在平等互利的基础之上的。

南宋时期，洮州、岷州、河州一带成为金朝辖区，西宁州、乐州、廓州（湟水流域）成为西夏之地。今青海玉树地区（宋时称卢甘）的吐蕃部落首领则与南宋建立了联系。孝宗淳熙二年（1175年），玉树珠氏家族与巴绒噶举派僧人勒巴噶布共同通过黎州（今四川汉源）官员报请，归附了南宋，受到敕封与赏赐。此后，青南地区吐蕃部落在设于黎、文、阶等州的市场上与南宋继续开展茶马市易。据《宋史·食货志》记载，当时"卢甘蕃马岁一至焉，洮州蕃马或一月或两月一至焉，叠州蕃马或半年或三月一至焉，皆良马也"。

二、鼎盛之气象

元朝幅员广大，马匹充足，没有必要用实物交换去收揽马匹。至于茶叶营销，仍实行国家专卖制度。藏族等少数民族所需茶叶，可以通过正常贸易等途径获得。所以茶马互市几乎是空白。

明朝与元朝不同，它出于边防需求，每年需要得到大批优良的马匹武装军队。而藏族嗜茶习惯更有发展，"不得茶则困以病"，所以茶马互市的基础更为牢固。明代与茶马贸易配套的管理机构更为庞大，管理制度比前朝更为严密，茶马交易更为活跃，且逐步趋于制度化。明代汉藏两族茶马贸易从规模、成交量、影响力等方面讲都称得上是鼎盛时期。尽管明朝制定的茶马贸易政策存在马贱茶贵的弊端，但从整个明代茶马贸易的效果上讲，它对于促进藏族聚居区畜牧业的发展、促进藏族聚居区与内地之间的经济交流，加强中央王朝对藏族聚居区的政治管理还是起了积极作用的。

机构更为庞大

明代茶马互市的总流程是：将四川、陕西等省生产的茶叶统一进行收购，再拉运到西北汉藏交界地的几处茶马司贮存，然后由专门的机构代表朝廷出面经营，同藏族各部落交换马匹，并严禁私茶出境。明代的茶叶贸易始终与马政、边防紧密联系在一起。

洪武四年（1371年），在陕西、四川等产茶地方设立了茶课司，茶课司的任务是征收"税茶"，并将收来的百余万斤"税茶"贮于茶仓。洪武五年，在秦州（治所今甘肃天水）设立了明朝的第一个茶马司，后来陆续在洮州（治所今甘肃临潭）、河州（治所今甘肃临夏）、甘州（治所今甘肃张掖）、庄浪（在今甘肃永登）也增设了茶马司。另外，在今四川境内的永宁、雅州、碉门也设过茶马司。茶马司具体掌管茶叶的运输、收贮和易换马匹事宜。洪武三十年（1397年），鉴于秦州茶马司与纳马牧民居住地过于遥远，纳马酬茶均感不便，于是听从长兴侯耿炳文的建议，撤销秦州茶马司，改设西宁茶马司。西宁茶马司的办事机构设在西宁卫城的北大街，具体纳马地点设在镇海堡（今湟中区多巴镇通海村）。

洪武年间所设与茶马互市有关的机构还有茶局批验所（在褒城、紫阳茶厂）、茶运司（在巩昌府和临洮府）。截至洪武末年，共设置了四大茶仓，它们分别位于成都、重庆、保宁（在今四川阆中）、播州（治所在今贵州遵义）。

明太祖时，自三月至九月，每月派行人（掌传旨、册封等事的官）四员巡视河州、临洮等地茶马市易的事宜。永乐中，派御史（监察官）巡督陕西茶马。成化中，御史巡视纠察、专门管理茶事宜成为定制。

综上所述，明代产茶地方有茶课司，贮放有茶仓，运输茶叶有茶运司，验茶有批验所，具体掌管以茶易马有茶马司，分道监察督理有巡茶御史，巡视保卫有卫所官军。机构不可谓不全，分工不可谓不细，规模不可谓不宏大。这是由于明政府把马政看作军国要政，而茶政又关系到马政的昌盛与否，所以十分重视茶马互市的缘故。

与机构更加庞大相对应，明代监察茶马互市的制度也比宋代进一步完备。明初，允许商人纳税领取茶引和由贴（运销茶叶的凭证），赴产茶地方买茶，在"腹里"各地销售营利，但严禁"私越黄河及河、洮、岷（州）边境通番易马"，违者从重治罪，直至处以死刑。从四川和陕西汉中运往西宁、河州等茶马司易马用的茶叶，明初规定由朝廷调动军民役夫官运。后官府督运不能满足易马所需，曾一度允许商人运茶。商人运茶时兴时废。到正德年间，演变为官茶与商茶并行，官茶易马，商茶售卖营利。明朝还采取灵活手段，在不同时期，根据藏族的需要，也用绢、青稞、银、布等穿插互市，取得一定效果。成化十四年（1478年）规定，马匹自4—6岁，高大中度者方准收买，牡马、骟马拨给各沿边卫所军用，牝马送苑马寺放牧喂养，以便繁殖。万历四年（1576年）规定各茶马司以茶易马的期限，洮州司五月，甘州、河州二司六月，西宁茶马司定于七月交易。另外，不同时期还实行过金牌制和勘合制，所以能取得"岁易马以万计"的成绩。朝廷不断整顿、严格茶法，不断打击茶叶走私行为，使茶马互市基本上能持久平稳地运行，基本保证了战马源源不断地供应。

"招商中茶"

我们知道，四川、汉中等地的茶叶要运到西宁、河州、甘州、庄浪等茶马司是很不容易的，一是路途遥远，二是当时交通条件不好，沿途崇山峻岭又多，所以茶叶官运成本高，往往不能满足易马的需要。于是宣德末年不得已首开招商运茶的先例。当时规定，商人自备车马人夫等运力，将官茶从产地运至边卫交纳，每官茶100斤允许损耗10%，茶叶运到目的地后，由朝廷发给淮、浙一带盐运司的盐引（运销盐的凭证）作为报酬。由于盐在明朝也是国家专卖的商品，商人交纳重税才能得到盐引，所以以盐引作为报酬，商人有利可图，因而参与运茶的很多。原先茶叶的储、运都不允许商人插手，这时商禁一开，茶叶运输难的问题是解决了，但同时却出现了始料未及的私茶买卖盛行的弊端，商人自恃有执照文凭，大贩私茶，而该交的官茶却不按时交割。所以招商运茶支盐引的办法实行了不到一年就于正统元年（1436年）停止了，此后"令官运如故"。

成化年间（1465—1487年），西北边卫多次发生灾荒，粮储空乏，百姓、地方驻军口粮紧张。朝廷为了赈荒救灾，号召商人"纳粮中（换）茶"。西宁、河州、洮州等茶马司所贮存的茶叶大都拿出来换了粮食。到弘治初年，粮食不缺了，可是这几个茶马司的存茶所剩无几，换不来边地急需的马匹。于是陕西都察御史李鸾向朝廷建议，号召商人自备脚力运茶，向西宁、河州二茶马司各运足40万斤，洮州茶马司运足24万斤即停止商运。这104万斤茶中,40%归官,60%听任商人销售营利。这样,官得的40万斤茶就能换来4000匹战马。朝廷同意了李鸾的建议,再次实行"招商中茶"法。如前所述,宣德年间实行的是招商运茶支盐法,商人只插手运茶,就出了不少弊端。这次实行的是招商运茶支茶法,商人将茶叶运到沿边茶马司,就可获得经销茶叶的资格和部分茶叶。但茶马司与番地邻近,茶商手中既有大量茶叶,又有运销茶叶的合法凭证,官府查办违禁私贩行为就难上加难了。此法运行了十来年,每年所得马匹反而不足原来的十分之一,所以到弘治十五年(1502年),朝廷再次下令停止招商中茶办法。然而时隔4年,明武宗登基,招商中茶法第三次得以实行。当时茶马互市之事由督理马政的都御史杨一清兼管,他向朝廷建议,商人将茶运到边地后,一半留官易马,一半由商人自由售卖,即将朝廷所得分成比例提高了10%。官商分成比例由四六分变为对半分。杨一清是武宗宠信的能人,后来在马政管理上还真有些政绩,他的建议很快得到批准。此后若干年,西宁、洮州、河州三茶马司每年常规运进茶叶约50万斤,换得马五六千匹。茶商自行销售的茶叶大体也是50万斤左右。

当时藏族不习惯用秤，茶叶计量多用"篦"为单位。篦即包装茶叶的竹器，一篦茶的重量自3—10斤不等。弘治、正德年间，朝廷规定，茶引分大、中、小三等，大引（即运销茶叶的大额凭证）5000斤，中引4000斤，下引3000斤。每7斤晒1篦，商人运茶到指定地点后，官商对半分茶。另外，每上引官府给茶商再支付茯茶100篦，中引80篦，下引60篦，作为"酬劳"。计算下来，茶商所得酬劳是运茶总量的14%。

嘉靖十五年（1536年），令茶商"正茶"之外分毫不得夹带，邻边近藏族地方"禁卖如故"，重申"通番之刑如律例"。隆庆五年（1517年），规定赏罚制度，商引一二年销完者给予奖赏，超过三年没有销完者没收应得茯茶。

明朝刚推行招商中茶制度时，对商人贩茶的数额、时间、地域范围都还可以控制，有时茶马司积蓄的茶叶较多时，便暂停或减少商人运茶数量。发现商茶质量低劣时，将茶叶等级烙印在篦上，并写清商人姓名以便考核，并不断整顿、严化制度。但后来随着官场腐败，"法废弊滋"，官府失去对茶商的控制能力。官营茶马互市管理混乱，贪贿盛行，茶禁日弛，私茶泛滥，茶叶贸易的主动权和大部分利益被商人拿去，官府得到的尽是中下之马，上等好马都进了商人马厩。边地文武官员又以私马串换番马，冒支上茶。结果是少数民族容易获得茶叶而叛服自由，军队缺乏良马故驰驱战场时多胆小怯懦，"茶法、马政、边防于是俱坏矣"[①]。

禁而不绝的茶叶走私

明朝前期茶禁政策十分严峻，茶局批验所如果发现商人所携茶叶与茶引、茶由（运销茶叶的小额凭证）所列数额不相符，多出部分即认定为私茶。如果没有茶引、茶由而贩茶更不用说便是私茶了。这还是在内地（腹里）经销而言，如果"私茶出境""通番"，那就罪加一等了。明《律例》规定，"私茶出境与关隘失察者，并凌迟处死"[②]。然而，由于茶叶走私利润很大，尤其将茶叶私贩到藏族聚居区获利更是惊人，

[①] 《明史·食货志》记载："明初严禁私贩，久而奸弊日生。洎乎末造，商人正引之外，多给赏由票，使得私行。番人上驷尽入奸商，茶司所市者乃其中下也。番得茶，叛服自由；而将吏又以私马窜番马，冒支上茶。茶法、马政、边防于是俱坏矣。"

[②] 《明史·食货志》记载："（嘉靖）十五年，御史刘良卿言：《律例》：'私茶出境与关隘失察者，并凌迟处死。'盖西陲藩篱，莫切于诸番。番人恃茶以生，故严法以禁之，易马以酬之，以制番人之死命，壮中国之藩篱，断匈奴之右臂，非可以常法论也。"

所以任凭法律订得再严厉，总还是有冒着杀头危险去走私的人。走私者以奸商为多，同时一些权重势大的官宦也不乏无视朝廷茶禁重典，铤而走险，偷运私茶牟利者。洪武三十年（1397年）被处死的欧阳伦就是比较典型的例子。

欧阳伦是个纨绔子弟，洪武十四年（1381年）娶安庆公主，成为驸马都尉。此人一贯目无法度，倚仗权势，为所欲为。洪武后期，常派家人往来陕西运茶出境贩卖。他的家人狗仗人势，到地方上对官员指手画脚，往往动用驿车驿马，公然走私，"所在不胜其扰"，即使地方大员，也都"畏威奉顺，略不敢违时"。洪武三十年（1397年），当时朝廷茶禁正严，可是欧阳伦照样我行我素。他于农忙季节令陕西布政司下文给所辖各有关部门和机构，派民车民夫运私茶到河州贩卖。他的家人中有个叫周保的，尤为横暴，沿途驱迫百姓出车50辆供他使用。这支庞大的运茶车队自然引起验茶部门的注意。兰县（今兰州）河桥巡检司的职员大概不识相，胆敢查验驸马都尉的车辆，与周保等恶奴起了口角，被暴打一顿。这位职员忍受不了恶气，斗胆向朝廷报告了事情的经过，明太祖朱元璋知道后龙颜大怒，将欧阳伦赐死，周保等也一一伏诛。①

这是当时震动朝野的一件大案,它对走私者自然有很大的震慑作用。但若干年后,走私之风又起。虽然朝廷定期派行人或巡茶御史进行监督检查,还责成各分巡道、兵备道官员加强防守,规定失察者要受责罚,但私茶仍然打击不干净。朝廷派下去巡察的官员如果清廉一些,查得严一些,走私活动就稍微收敛一些;反之,走私就猖獗一些,总是没有禁绝的时候。后来允许招商中茶,防范私贩茶叶的难度加大。一些官豪与奸商"往往交通守备官,私贩入番,茶马之政遂坏"。

弘治十八年(1505年),朝廷规定,凡是进行茶马互市的地方,如有兴贩私茶在边境贸易,或虽在腹里地区贸易但却将茶叶卖给入朝进贡的藏族人者,将茶商与帮他联系、作中保的牙人统统发往烟瘴地方永远充军。如果茶商在西宁、甘肃(今甘肃张掖、酒泉)、河州、洮州贩卖茶叶超过100斤者,发配到附近边卫充军;不足100斤者,罚带枷守哨。如果官员出钱贩私茶给藏族者,发边卫充军;在西宁等边卫

---

① 《明史·食货志》记载:"当是时,帝绸缪边防,用茶易马,固番人心,尝谓户部尚书郁新:'……贩鬻之禁,不可不严。'以故遣金都御史邓文铿等察川、陕私茶;驸马都尉欧阳伦以私茶坐死。"

发卖茶叶给汉、回等族超过300斤者,发配近卫充军。正德二年(1507年),院西总制兼督马政茶法都御史杨一清严禁私贩,广积官茶,使茶叶私贩受到遏制。嘉靖十五年(1536年),巡茶御史刘良卿奏请重申商茶在限定的州县境内售卖,沿边"近番地禁卖如故"的律令,多少收到了些效果。但万历以后,茶禁日益松弛,私茶更加盛行,湖南一带价格低廉的茶叶非法打入西北市场。《明史·食货志》说"番族利私茶之贱,因不肯纳马"。但湖南私茶禁止不了。后用以易马的茶叶经朝廷同意,"以陕西汉中所产茶叶为主,湖茶佐之"。到了明末,官场更加腐败,商人正引之外,大多能得到赏给的由票(小额运销茶叶的凭证),使私茶偷贩更加泛滥。

"以马代赋"与金牌纳马制

明代在以实行传统的茶马互市制为主的同时,还时断时续地实行过差发马制。差发马制带有强制性,即具有"以马代赋"的性质。洪武十六年(1383年)正月,明太祖发出谕旨,要让归附已久的"西番之民"按土地和人户的多寡承担赋税,如3000户的部落则3户共出1马,4000户则4户共出1马,定为土赋，目的是"使其知尊君亲上奉朝廷之礼也"。用现在的话说就是要强化藏族的君臣意识和国家意识、国民意识。牧民有马要纳马，如同农民有地要纳粮，有劳力要服役一样必不可少。在明朝一些朝臣的眼中，本朝的差发马与前代的互市、交易有根本的不同。藏族各部落有向朝廷纳马的义务，朝廷则赐给藏族生活不可缺少的茶叶，通过纳马酬茶来体现朝廷的尊贵，体现朝廷与藏族之间政治上的隶属关系和汉藏两族经济上互通有无、互为依存的关系。茶马互市体现的是贸易伙伴关系，而差发马制体现的是君臣关系即政府与百姓的关系。

洪武二十五年（1392年）三月，朱元璋派尚膳太监而摄、司礼太监庆童等前往河州、西宁等卫所管辖的藏族部落，动员他们向朝廷献马，许诺将酬给茶叶。五月，而摄等到达河州，召见必里等部落（在今青海同仁、贵南、同德一带）民众，宣传明太祖的旨意，这些藏族民众争相出马以献，朝廷获得10340余匹马，以茶30余万斤赏给献马部众。征集差发马取得了第一次成功。从此，差发马制度在藏族聚居区推行开来。

洪武二十六年二月，明廷派使臣分别到西凉、永昌、甘肃、山丹、西宁、临洮、洮州、河州、巩昌、岷州等沿边藏族部落中，向部落首领和牧民说明：朝廷征马必定要酬茶,近来听说有的边将假借朝命,骗征马匹,为了杜绝此弊,从今往后将实行金牌纳马制。朝廷将铸造一批金牌信符,每面金牌分上、下两号,上号藏在内府,下号颁给各个部落,朝廷每三年派使臣征马一次,先比对金牌,信符相合时方可交马给茶;如发现无金牌或牌不符却来征马者,可以拒不纳马,并将行骗之人扭送官府治罪。明时颁给必里卫的一面金牌实物现存青海贵德县文化馆,是黄色铜铸镏金的小牌,长22厘米、宽8厘米、厚0.8厘米,正面有楷书"信符"二字,背后有篆文三行,上为"皇帝圣旨",下左为"合当差发",下右为"不信者斩"。当时共颁金牌41面,洮州卫所管把藏等部落共给牌4面,应纳马3050匹;河州卫兼辖的必里卫29个部落给牌21面,纳马7705匹;西宁卫兼辖的曲先、阿端、罕东、安定四卫以及巴哇、申中等"十三番"共给牌16面,纳面3050匹。①

凡获得金牌的纳马部落,被明代称为"熟番"

---

① 《明史·食货志》记载:"又制金牌信符,命曹国公李景隆赍入番,与诸番要约,篆文上曰'皇帝圣旨',左曰'合当差发',右曰'不信者斩'。凡四十一面:洮州火把藏思囊日等族,牌四面,纳马三千五十匹;河州必里卫西番二十九族,牌二十一面,纳马七千七百五匹;西宁曲先、阿端、罕东、安定四卫,巴哇、申中、申藏等族,牌十六面,纳马三千五十匹。下号金牌降诸番,上号藏内府以为契,三岁一遣官合符。"

或"属番",其中也包括被明代人视为"番族"的撒拉族、土族、撒里畏兀儿人(裕固族先民)等。金牌纳马制于永乐十四年(1416年)开始一度停止,宣德年间又恢复。正统年间再度停止。正德以后,青海牧区大量藏族部落被蒙古贵族控制,已颁金牌也大多散失。嘉靖时期,不少朝臣几度提议恢复金牌纳马制,但兵部认为,金牌随发随失,很是有损国体。关键是要"严私贩之禁",如果私贩盛行,朝廷没有办法维系番民之心、制约番民之命,即使颁发了金牌,马匹也徵不上来。于是在杨一清主持下,一度用"勘合"(文书)代替金牌,恢复马赋之征,并改三年一市为每年定期开市。① 但此时大多数藏族部落只向西海蒙古交纳租税,能为明朝纳马当差的部落越来越少了。

明代向青海少数民族牧民征收马赋带有一定特殊性,即纳马部落交纳马赋后,仍可以获得一定数量的茶叶作为"酬劳",也就是说,实际上仍带有一定的交易的成分。由于牧民地处偏远,流动性大,官府对他们的控制远不像农业区编户那样严密,所以"享

---

① 《明史·食货志》记载:"(嘉靖十五年)兵部议,番族变诈不常,北狄抄掠无已,金牌亟给亟失,殊损国体。番人纳马,意在得茶,严私贩之禁,则番人自顺,虽不给金牌,马可集也。若私贩盛行,吾无以系其心制其命,虽给金牌,马亦不至。乃定议发勘合予之。"

私茶之利，无意纳马"的部落比较多。有的学者认为马赋差发在经济生活中的作用微小，充其量是传统茶马互市的补充形式。尽管如此，差发马制的实行，无可辩驳地证明，明朝对藏族聚居区拥有统治权。

茶马比价

明代的茶马互市并不是遵循平买平卖、随行就市的纯市场原则进行的，茶马之比价基本上由朝廷单方面决定。明朝统治者错误地认为贱马贵茶，可以制服藏族之心；反之，如果茶贱马贵，则会造成"戎羌放肆"，使之轻视朝廷，对朝廷"生侮慢之心"。直到明代中叶以后，茶法、马政均已遭到不同程度的破坏，不少官员仍津津乐道这条祖宗"旧制"，认为只要让茶叶保持高价位，就不愁换不来良马。事实上，官营茶马互市走向衰落的原因之一恐怕正是由人为地抬高茶价、硬性压低马价造成的。

洪武十三年（1380年），兵部用茶叶58892斤在河州换得马2050匹，平均每匹马给茶29斤。洪武十六年，规定河州地区茶马比价：上马每匹给茶40斤，中马30斤，下马20斤。洪武末期曾规定上马给茶80斤，中马60斤，下马40斤。但陕西所辖几个茶马司洪武三十一年（1389年）、永乐八年（1410年）以茶易马时，每匹马的平均给茶量均不足40斤，可见各茶马司在实际易马过程中又在进一步压低马价，抬高茶价。宣德十年（1435年）以后，大概贱马贵茶政策受到藏族的抵制，朝廷在易马活动中不得不逐步提高给茶的数量。这年，西宁、河州、洮州藏族共输马1.3万匹，朝廷共给茶100余万斤，平均每匹马给茶叶84斤。正统年间平均每匹马给茶数又一度跌至42斤，正德三年（1508年）升为87斤，万历年间（1573—1620年）更增至100斤左右。茶马比价的演变过程似乎反映出明朝贱马贵茶的政策不断受到藏族的强烈抵制。

根据专家研究，当时即使平均每匹马易茶100斤也是不合理的。如果以当时银本位的货币为标准，一匹中等马市场价值银10两。而100斤川茶，在产地即使芽茶，市场价也不过值银1钱5分左右，运到边地茶马司，加上各种包装运杂费，其成本也不过四五两银的样子。假设平均每匹马给茶叶200斤才是比较合理的。

明朝统治者认为茶叶能"制番人死命"，番人之于茶，"得之则生，不得则死"，所以自始至终把"以茶驭番"作为一项国策，赋予茶叶以政治使命。朱元璋硬性压低茶马比价,并曾专横地说:"番商有不愿者,斩。"正是这种贱马贵茶的政策直接导致私贩难禁,给官营茶马互市带来巨大冲击。贱马贵茶政策给茶商带来高额利润,厚利之下,不论朝廷禁令如何森严,不少私商,甚至官员、军人家属都热衷于偷运茶叶,虽斩首充军也在所不惜。藏族也乐意与私商交易,因为私商给的茶叶数量和质量都高于朝廷所给的。其最终的后果,自然是茶法、马政、边防"俱坏矣"。

三、从成熟走向终结

制度的规范划一

清朝取代明朝以后,继续沿袭明朝的做法,实行茶马互市。不过,清朝初期,对明中期以来的茶马互市制度做了一些调整。如顺治四年(1647年)决定,废止明代的金牌纳马制、勘合纳马制,实行"酌量价值,两得其平"的政策。但认为明代不许私茶出境等制度仍然适用,于是规定边外藏族只能在指定的互市地点交易,不得滥入关内。又如明朝末年之制,陕西茶引是由茶马御史自行印制颁发的,有大、小之分。大引每引9300斤，分装为930篦，每篦10斤，商人领到茶引，赴产地买茶，再运到茶马司之后，一半入官易马，一半由商人发卖，不再纳税；小引每引1000斤，分为200包，每包5斤，只准在就近州县销售，30%入官，70%归商人，所纳税额按地区的不同也有差别。顺治七年（1750年），改为茶引统由户部印发，大小茶引一律官商平分。又如，旧例大引另外赏给商人茯茶60篦(600斤)作为酬劳，所给茯茶比率为6.45%；小引则给茯茶67斤，所给比率为6.7%。顺治十年改为每茶1000斤，一律给茶140斤作为脚费，即统一按14%的比率给以茯茶，比原来大小引所给数都有提高。朝廷还下令对前来交马换茶的藏族酌情赏给烟酒，以示安抚和招徕。此外，整顿了明后期以来茶马司等机构中经办茶马市易人员上下玩忽、贪贿盛行等弊端，其结果，茶制统一，执行简便，上下整肃，官营茶马互市重新出现了一些生机。

在管理体制方面，清代也有一些新变化。顺治二年(1645年)，令陕西省派茶马御史一员，经管西宁、洮州、岷州、河州、庄浪、甘州五个茶马司，每年招商领引，以茶易马。所换牡马拨给各边兵，牝马拨至苑马寺喂养繁息。顺治四年（1647年），增派满汉巡察御史、笔贴式（翻译满、汉章奏文书的官）、通事各一员，共同经管西宁等茶马司的易马事宜。康熙七年（1668年），裁去茶马御史，茶马互市事宜改由甘肃巡抚兼管。康熙三十四年（1695年），由于茶马事体重要，茶马司改由朝廷直接派专官管理。康熙四十四年（1705年），停止朝廷直接派员办法，仍由甘肃巡抚兼管料理。雍正三年（1725年），西宁茶马司事务改由西宁府管理。其他茶马司也归所在地的州、府负责，各地设茶库厅具体管理。雍正末年，停止以茶易马，各"茶马司"变为"茶司"，继续经营官茶事宜。但是，正是因为少了个"马"字，从此"茶司"与易马再没有关系了。乾隆十八年（1753年），甘肃各茶司的茶务归驿传道（后称兰州道）管理。

既易马又变银

明朝实行招商运茶制度以后，遇有官茶在茶马司积存过多时，往往采取暂停或减少商运的办法，很少有将官茶作价销售的情况。清朝由于提高了茶商运费，而换马的任务又不是很重，所以官茶在换马的同时，常有变卖收银或顶替兵饷支放的情况。如顺治十三年（1656年），因各茶马司所贮新茶已足够交易马匹之用，朝廷决定将陈茶作价充作军饷。康熙八年（1669年）曾作价变卖过一批茶叶。康熙三十二年（1693年），又因西宁等茶马司所存茶叶年代已久，有的发霉腐烂，不能再放，于是准于折价变卖。每篦10斤，作价为银六钱。但几年下来，变卖出去的不多，陈茶没有卖完，新茶又接踵而来，陈陈相因，没有止境。于是康熙四十年（1701年）下令强制买马之人无论官府还是百姓，每马一匹，搭茶一篦，交银六钱。又令各茶商暂停交茶，改交银两。康熙四十四年（1705年），令西宁等茶马司暂停以茶易马，再次将所存茶叶折价变银，充作军饷。新茶每篦折价四钱，陈茶每篦折价六钱。康熙五十七年（1718年），鉴于西宁是通往藏族聚居区的交通要道，多年来销茶量比别处大，于是决定加大西宁茶马司在茶引分配中的比重，增加了2000道茶引。康熙六十一年（1722年），又准于在西、庄、河、岷4司再增茶引4000道。新茶照例易换马、驼、牛、羊，也可以易换米谷充实仓库，而旧茶全部变卖，用作军饷。并规定以此年为始，五年之内按引征收茶叶，五年之后，将五年以前的茶叶按年份的先后发出变价，挨次出陈易新，将所得变价银按年上报朝廷。之后，总以五年为率。雍正八年（1730年），规定五个茶马司的茶叶售价：西宁茶马司每封（5斤）售银0.95两,庄浪司每封售银0.75两,洮州司每封售银0.75两,河州司每封售银0.94两,甘州司每封售银0.72两。因定价偏高,西宁司这年没有卖出茶叶。雍正十三年（1735年）,准予西宁司按每封0.75两售卖。

清朝茶马互市中,茶马比价与明末接近。顺治元年（1644年）规定,每茶一篦重10斤,上马给茶12篦（120斤）,中马给茶9篦（90斤）,下马给茶6篦（60斤）。雍正九年（1731年）,重申易马比价,上马、中马给茶数与清初一致,下马给茶由6篦提为7篦（70斤）。

清朝在茶马互市过程中也很重视严防并打击私茶。从总体上看,清代茶叶私贩情况没有明代严重。清初,在决定沿袭明制实行茶马互市时,就明令在通接涉藏地区的关隘要道派官军巡守,遇有夹带私茶出境者,拿解治罪。康熙四十年（1701年）以私茶充斥,令严查往来之人,凡携带茶叶10斤以下者勿问,如有驮载10斤以上无官引者拿解治罪。清朝定例,商人按茶引规定将茶叶运来以后,茶马司要对运来的茶叶重新称量,抽样热煎品尝,进行质量检查,在确信没有短斤少两和假冒伪劣等弊端的情况下,才收贮起来,将经过查验的茶叶退给商人贸易。

但后来商人巧为规避,将官茶、私茶分开包装,官茶中混入草茎树叶,蒙混司库,致使易马藏族大受其害,影响了茶马互市的正常运行。这也是茶马互市行将停止的原因之一。朝廷虽采取了一定的防范措施,但私贩茶叶的舞弊行为仍然时有发生。

别了,茶马互市

清朝虽然一开始沿袭明制实行以茶易马政策,但并不像明朝那样把茶马互市看成"国之要政",清朝既不特别迫切指望用茶叶易换马匹,又对通过茶叶易换马匹的数量需求不是很大,所以清朝时不时地将茶叶作价销售或搭充军饷。到康熙四十四年(1705年),曾一度下令停止以茶易马。康熙六十一(1722年)年,又准西宁等茶马司,新茶照例易换马驼牛羊和粟谷,此后以茶易马基本上停顿下来。雍正九年(1731年),由于朝廷与新疆的准噶尔蒙古作战,需要马匹的数量突然猛增,一时难以凑齐,于是朝廷又下令西宁等五茶马司恢复以茶易马制度。茶马比价仍基本保持顺治初年的规定。四年之后到雍正十三年(1735年),新疆战事结束,"番民以中马为累"，① 请求中止以马易茶。于是朝廷再一次下令停止茶马互市，此后茶马互市再没有恢复过。

中国历史上前后延续近千年的茶马互市，到清朝雍正末年正式宣告终结。为什么茶马互市不需要进行下去了呢？我们知道，茶马互市存在的基础是：有茶的想得到马，但用钱买不到马；有马的想得到茶，但用钱买不到茶，只好采用物物交换这种比较原始的特殊方式去交易。一旦上述要素不存在，茶与马就没有直接互换的必要了。清朝中期国力日益强盛，幅员广大，经济繁荣，商业发达，茶马互市的必须要素已不存在了，所以茶马互市的终结成了必然的结果。具体来讲，一是由于国力强盛，周边少数民族宾服、边疆安定，阶级矛盾和民族矛盾趋于缓和，尤其是先后平定"三藩"、收复台湾、臣服漠北蒙古后，战事少了，马匹的需求量下降了。二是马匹有稳定的来源，不必仰赖用茶叶去换。康熙、雍正时期，不仅控制了满、蒙古民族马匹来源，而且在察哈尔和辽西设立了牧马场（乾隆年间又在甘肃、新疆设立了多处牧马场），每年繁殖的马匹大体可以满足常规所需。万一不足，可以在产马地区征集。三是商

---

① 《西宁府新志》卷17《田赋志（二）茶马》记载："雍正十三年，军需告竣，番民以中马为累，详请奉文停止。"

品经济空前发达，茶叶和马匹都可以作为商品，在政府统管之下，通过货币中介进行交易，需要茶的、需要马的都能通过正常的市场渠道满足其所需，采取以物易物的形式自然没有必要了。四是清政府对茶叶的重视已由茶马贸易转向出口贸易。茶叶是我国出口最早的传统商品。康熙中期，华茶出口价值已占出口总值的60%，乾隆后期占到出口总值的88.8%。

传统的茶马互市虽然停止了，但茶叶销售由官府控制的体制并没有终结。原来的西宁、庄浪、河州等茶马司均变成了"茶司"，不再管易马之事了，但依然是清朝实行茶叶官卖的专门机构。茶商仍然要领引买茶运茶，运到茶司后，一半交官发卖，一半自己销售。茶司如果积茶不多，就令茶商交本色（即茶叶实物）；如果积茶过多，就让茶商交纳"折色"（按规定比例折交的货币）。仍然严格禁止无引运销茶叶或在茶引规定的数额之外运销私茶。

乾隆中期，先后裁撤洮州茶司和河州茶司，剩下的西宁茶司、庄浪茶司（在今甘肃永登）、甘州茶司（设在今兰州）共经管茶引28996道，其中西宁茶司额设茶引9712道。仍由商人领引纳税销茶，每引一道，应交茶10封（50斤）作为税额，其中1封交茶叶，9封折交银两。茶叶均从湖南采运。这种状况一直延续到清后期。

嘉庆十四年（1809年），西宁茶司额设茶引仍然是9712道，每道15封（75斤）茶，征"引银"2钱，征"改折银"2.7两。这时，茶司基本上不再收贮和销售茶叶了。同治元年（1862年），陕西爆发了回民反清斗争，在泾阳加工和等候盘验的茶封全部被烧抢。此后官茶贩运中断。同治十二年（1873年），陕甘总督左宗棠奏议实行以督印茶票代引的办法，动员商人运销茶叶，官府收税。每票为50引，每引正茶16封（80斤），折纳正课银3两。另外，在行销时，再向地方卡局完纳厘税一次。但由于茶叶质量不好，销售情况不佳，茶商亏损不堪。光绪八年（1882年）以后，关闭了西宁、庄浪等地的官茶店，允许商人纳税后自行运茶卖茶。茶商为了提高竞争力，到产茶地方选购真细好茶，仔细加工，在茶封上标明商号名称，足额包装，销售状况才有了好转。①

民国时，仍沿用商人纳税买茶票运销茶叶的做法，官方的主要目的是为了增加税收。甘肃茶票由省财政厅发卖。青海建省后仍延续旧制。1943年，中国茶叶公司西北分公司在兰州成立，这是国营的茶

---

① 王昱主编：《青海地方志资料类编》（上册），西宁：青海人民出版社，1988年，第255、288页。

叶公司，西北地区茶叶的运销由它统一经营。两年后，该公司关闭，从此，政府不再控制西北地区茶叶的运销活动，这种状况一直延续到1949年10月中华人民共和国成立为止。

四、茶马古道的具体线路

延续千余年的茶马互市形成了著名的茶马古道。茶马古道是把产茶地区与产马地区联系在一起的道路，中间以洮州（治所今甘肃临潭）、河州（治所今甘肃临夏）、甘州（治所今甘肃张掖）、庄浪（在今甘肃永登）、西宁5个茶马司为贮存茶叶的重要节点。从产茶地区到茶马司一般均有比较完善的驿传设施，然而，从茶马司到藏族为主的少数民族聚居地，即产马地区，则一般没有驿传设施。供应青海各个民族的茶叶主要集中收贮在西宁茶马司，洮州、河州、庄浪3个茶马司可能也有一些。

关于茶马古道的具体线路，甘肃、四川、云南、西藏等省区各自有各自不同的内容。从青海的角度看，总体上讲，茶马古道所行，实际上大多是历史上古丝绸之路青海道的老路线，即是将原来羌中道、吐谷浑道、青唐道等的线路略加变化后继续相机使用。

我国产茶的地方很多,其中收贮并供应青海少数民族的茶叶的产地比较有限,据史料记载,主要有3处,即陕西(主要是汉中)、四川、湖南,那么,把茶叶运往青海或邻近青海地区的茶马司之茶马古道相应地也就主要有3条。下面逐一作简单介绍。

汉中—西宁线

据《西宁府新志》记载:明"洪武四年(1371年),奏准陕西汉中府将金州、石泉、汉阴、平利、西乡县民,茶十株官取一分;民所收茶,官给价买;无主者,令官军薅培,及时采取,官取八分、军收二分。每五十斤为一包,令有司收贮,与西番易马"[1]。由此可知,陕西汉中是当时重要的产茶地区。从汉中出发往青海走,西北行,先在明清略阳县(今陕西省略阳县)过秦岭,来到今甘肃省徽县。史料记载:明洪武九年(1376年),"各府并赴徽州茶引所批验,令商人于产茶地买茶,纳钱请引"[2]。徽州即今甘肃省徽县。

---
[1] 〔清〕杨应琚撰,崔永红校注:《西宁府新志》卷17《田赋志二·茶马》,西宁:青海人民出版社,2016年,第280页。
[2] 〔清〕杨应琚撰,崔永红校注:《西宁府新志》卷17《田赋志二·茶马》,西宁:青海人民出版社,2016年,第279页。

既然明清时期徽州有茶引所，又与汉中毗邻，无疑它是茶马古道汉中—西宁线的必经之地。从徽县继续西北行，大体取道今甘肃省的西和县、成县、礼县，来到巩昌府（治今甘肃陇西县）。元代曾经"榷成都茶于京兆、巩昌置局发卖"，可见巩昌是元明清时期很重要的茶叶集散地。从巩昌府大体可以分出3条路线：西偏南行，可去设在今甘肃临潭县的洮州茶马司；西偏北行，经过今渭源县，可到达明清临洮府（治狄道，今甘肃临洮县），继续西行，可去设在今甘肃临夏市的河州茶马司；北偏西行，经过今甘肃定西市、兰州市，可去设在今甘肃省永登县的庄浪茶马司。

从河州茶马司去西宁茶马司，有驿道可用。明初归德至河州设有7个驿站（三岔、讨来、边多、保安、清水、长宁、银川），但时通时废。清乾隆三十年（1765年），正式设立了由循化厅管的4处新的驿站，它们分别是：循化厅本城驿、立轮驿（距上驿50里，在今循化县东南白庄乡）、盘坡根驿（距上驿50里，在今循化县道帏乡张沙村）、韩家集驿（距上驿50里，在今甘肃省临夏县）。新驿道的开辟使河州到循化的行程有所缩短。另外，清代先后在循化厅与巴燕戎格厅（治今化隆回族自治县巴燕镇）的适中之处增设了巴燕戎在城驿、拉扎山根驿（约在今化隆回族自治县甘都乡公使家村）。

从庄浪茶马司到西宁茶马司也有驿道，西行过河桥驿后，在西宁卫辖区经过冰沟驿（今乐都区老鸦镇东北四十里处冰沟）、嘉顺驿（今乐都区碾伯镇）、平戎驿（今平安区平安镇）就可到达西宁。

成都—西宁线

据《西宁府新志》记载，元代曾经"榷成都茶于京兆、巩昌置局发卖"[①]。明"洪武初，……先期于四川征茶一百万斤，官军转运各茶司分贮给用"[②]。"隆庆三年（1569年），以四川课茶改征折色，解苑马寺，易买中马。"[③] 由以上记载可知，四川成都是西宁等茶马司茶叶的重要来源地之一。从成都运茶到西宁的路线有好多条，汉魏时期的路线，特别是吐谷浑道的多条路线曾经十分繁盛，这时均可利用。不过，从明清时期的洮州、河州、庄浪等茶马司的位置推测，

---

① 〔清〕杨应琚撰，崔永红校注：《西宁府新志》卷17《田赋志二·茶马》，西宁：青海人民出版社，2016年，第279页。
② 〔清〕杨应琚撰，崔永红校注：《西宁府新志》卷17《田赋志二·茶马》，西宁：青海人民出版社，2016年，第280页。
③ 〔清〕杨应琚撰，崔永红校注：《西宁府新志》卷17《田赋志二·茶马》，西宁：青海人民出版社，2016年，第282页。

当时茶马古道很可能主要使用以下两条路线：一是北略偏东的路，途经阶州（治今甘肃武都区）；二是取道松潘卫（今四川松潘县）的路，基本上是正北方向。

阶州线大体是从成都出发，北行过今四川绵阳、广元，到今甘肃陇南市武都区。然后，西北行，途经今甘肃宕昌、岷县、卓尼，到达设在今甘肃省临潭县的洮州茶马司。其走向大体与今西（宁）成（都）铁路的走向一致。从洮州茶马司继续北行，可到达河州、西宁等茶马司。从阶州也可向北行，过秦州（今甘肃省天水市，明代曾经在秦州设立过茶马司），再西行，过今定西市、兰州市，到达庄浪茶马司。

松潘线大体是从成都出发，北行过今四川省茂县，到达松潘卫，然后路过今甘肃省迭部、卓尼等县，到达设在今甘肃省临潭县的洮州茶马司。从洮州茶马司继续北行，可到达河州、西宁等茶马司。

湖南—西宁线

据《西宁府新志》记载，明万历二十一年（1593年），"巡茶御史禁中湖茶，以多假造。既而御史徐侨言汉中茶少而直高，湖南茶多而直下。湖茶之行，无防汉中。汉茶味甘而薄，湖茶味苦，于酥酪为宜，亦利番也。部议以汉茶为主,湖茶助之"①。由此可知,湖南也是西宁等茶马司所需茶叶的重要来源地。明清时期从湖南到西宁等茶马司,一般要经过陕西布政司治所西安,其间有完善的驿传设施。从西安到洮州、河州、西宁等茶马司一般要经过秦州(治今甘肃天水市)、巩昌(府治今陇西县,清代曾经是甘肃布政司治所)。从巩昌到各茶马司的具体线路见前文所述,不再重复。

以上3条线路只是从产茶地方到贮存茶叶的茶马司的运输线路,接下来,从茶马司到居住在各地的藏族为主的少数民族部落民还有好多路要走,这些路也是茶马古道的组成部分。根据常理推想,少数民族部落民应该去距离最近的茶马司交马领茶。那么,居住在今玉树藏族自治州、果洛藏族自治州的大多数藏族部落民,应该去设在今甘肃省临潭县的洮州茶马司交马领茶;居住在今黄南藏族自治州和部分居住在海南藏族自治州的藏族部落民应该去设在今甘肃临夏市的河州茶马司交马领茶;居住在今海西蒙古族藏族自治州、海南藏族自治州(其中的一部分)、海北藏族自治州的各族部落民应该来设在今西宁市

---

① 〔清〕杨应琚撰,崔永红校注:《西宁府新志》卷17《田赋志二·茶马》,西宁:青海人民出版社,2016年,第283页。

的茶马司交马领茶。历史上的羌中道、吐谷浑道等的大部分路线应该都得到了利用。譬如,分布在柴达木盆地的明代西宁塞外四卫的部落民,应该分别走柴达木南线或柴达木北线。其他以此类推,不再赘述。

贡赐贸易与边关互市

很早以来,青海地区的各族人民就和中原地区保持着频繁的贸易往来,贡赐和边关互市便是当时比较重要的两种贸易方式,前后延续了长达一千多年的时间,在青海贸易史上占有比较重要的位置。因此,说起古代青海的商贸活动,就不能不讲一讲贡赐贸易和边关互市贸易。

一、贡赐贸易

在中国古代,为了表明政治上的君臣藩属关系而进行的一种政治活动称为贡赐。"贡"是指臣方向君方敬献方物,"赐"则是君方出于礼仪和笼络的需要而赐给臣方一定数量的物品作为回报。一般情况下,进贡与回赐的价值大体相当或回赐略高于进贡。

因此，进贡与回赐不仅是一种表明上下隶属关系的政治行为，而且也是一种特殊的商品交换方式，被人们称为贡赐贸易。贡赐活动最初产生的时候，政治所占的比重较大，而越到后来，经济所占的比重越加增大，贡赐双方也越来越看重贡赐活动所产生的经济效益。青海地区零星的朝贡活动很早就已经有了，但真正意义上的大规模的贡赐贸易活动，大体上肇始于南北朝时期的吐谷浑政权，发展于唃厮啰政权时期，兴盛于明代初期，最终没落于清代初期。在元代以前，青海地区的贡赐贸易主要在两个政权之间通过派遣使者的方式来进行。元代以后，随着青海地区被纳入统一多民族国家的版图，参与贡赐贸易的则主要是当地少数民族部落首领、僧人和土官了。

吐谷浑的遣使活动

青海地区大规模的贡赐贸易活动，最早可以追溯到南北朝时期。当时，西北地区先后出现了许多地方性割据政权，彼此间征战不休。立国于甘青交界地区的吐谷浑政权，在割据政权林立的形势下，为了求得生存和发展，除了潜修内政以增强自身的实力外，还十分注意顺应时势，同周边各强国建立臣属关系，进行贡赐交往活动，为自身发展营造安定的外部环境。

早在吐谷浑第四代王辟奚在位时，吐谷浑就与当时北方最强大的前秦政权建立了藩属关系，并开始了频繁的贡赐往来。仅公元317年，辟奚一次就向前秦贡马5000匹、金银500斤。前秦除了对辟奚进行册封外，还赏赐了大量的物品作为回报。由于贡赐活动不仅可以使吐谷浑在政治上经常立于不败之地，而且还可以用本国的畜产品从内地换回丝绸、铜铁制品、日用器皿等生产生活必需品，弥补畜牧业经济的不足，一举两得，因此，辟奚以后的历代吐谷浑王都非常重视与内地的政权建立贡赐关系，经常派出贡使团，携带大量的畜产品前往南北朝各国进贡，换回数量可观的赏赐品。南北朝各政权的统治者，为了交好和笼络吐谷浑，也时常派使团到吐谷浑晋封官爵、赏赐物品。

吐谷浑王阿柴在位时，吐谷浑不仅在一段时间内臣服于强邻西秦，而且开始向南方的刘宋政权遣使通好。吐谷浑王慕璝在位时，吐谷浑既与南朝的刘宋政权保持着密切的贡赐关系，还与统一了北方地区的北魏政权建立了贡赐关系。慕璝以后的几代吐谷浑国君，基本上维持着同时与南、北方政权保持贡赐关系的局面。南方的刘宋政权灭亡后,吐谷浑又先后与南齐、南梁建立了贡赐关系。北魏分裂为东魏、西魏以及北齐、北周取代东魏、西魏后,吐谷浑仍然和这些政权保持着贡赐关系。据长期研究吐谷浑史的著名学者周伟洲先生统计,吐谷浑向南朝各政权的遣使活动见于史书记载的就有30次之多,其中向刘宋遣使20次,向南齐遣使1次,向南梁遣使9次。此外,吐谷浑向北魏遣使61次,向西魏、北周遣使9次,向东魏、北齐遣使约10次。

在与南北朝各政权的贡赐交往中,吐谷浑的贡物除以马匹、牦牛、毛缨、皮张等畜产品为主外,还有从西域交换来的珊瑚、玳瑁、珍珠等异域珍奇。此外,吐谷浑还时不时地进献能随音乐翩翩起舞的舞马(今走对步的马),供宫廷娱乐。南北朝各政权的回赐物主要是丝绸、杂彩、日用器皿、茶叶及金、银、钱币等。作为"塞表小国"的吐谷浑,在向南北朝各政权进贡方物时,常常会得到非常周到的接待和十分丰厚的回赐。而且,南北朝各政权还允许吐谷浑贡使团携带一部分土特产品,在内地进行贸易。因此,吐谷浑贡使团每次进贡时除了携带一定数量的贡品外,还携带着大量的土特产品,在内地进行交换,贡赐贸易的规模是非常可观的。

隋朝建立初期，吐谷浑经常骚扰隋的边境，隋文帝多次派兵进行反击，双方的关系一度比较紧张，因而一直没有建立起正常的贡赐贸易关系。隋朝统一江南后，国势日盛，而吐谷浑也无力进犯隋朝边境，双方开始进入和平交往的时期。开皇十年（590年）、十一年（591年）、十五年（595年），吐谷浑先后多次派遣使者向隋朝进贡，隋朝也于开皇十一年（591年）、十二年（592年）派使者出使吐谷浑。开皇十六年（596年），隋文帝将宗室女光化公主嫁给了吐谷浑王世伏，双方的关系更加密切。世伏死后，他的弟弟伏允按吐谷浑"兄死妻嫂"的风俗，娶光化公主为妻。从此以后，吐谷浑每年向隋朝进贡，双方保持着密切的贡赐贸易关系。隋炀帝继位后，一改与吐谷浑友好共处的政策，发动了对吐谷浑的战争，双方的贡赐关系也随之停止。

唐朝建立后，吐谷浑一方面派遣使者向唐朝进贡，从武德二年（619年）到贞观八年（634年）的16年中，先后遣使朝贡14次。一方面又乘唐朝巩固政权之机，频繁侵扰唐朝的西部边境。从贞观八年开始，唐朝对吐谷浑的侵扰进行了大规模的反击。战争结束后，双方又恢复了贡赐关系。从贞观十六年（642年）到二十三年（649年），吐谷浑每年都派使者向唐朝进贡牛、马及其他方物，唐朝也给予吐谷浑非常丰厚的回赐，双方的贡赐贸易进入了快速发展的时期。唐高宗继位后，双方的关系也日益亲密，贡赐贸易得到了更大发展。直到吐蕃灭吐谷浑后，双方的贡赐贸易关系才随之结束。

可以说，吐谷浑与各中原王朝之间的贡赐贸易活动，是当时青海地区与内地进行贸易交换的主要方式之一，对于加强青海和内地的经济、文化交流起到了一定的积极作用。

唃厮啰政权的贡赐贸易

北宋时，兴起于河湟地区的唃厮啰政权，为了抵御强敌西夏的侵扰，在政治上需要得到当时势力最强大的北宋王朝的支持，在经济上需要从中原地区获得本国贵族和百姓生产生活所需要的各种商品，因此，奉行"联宋抗夏"的政策，积极与北宋建立政治经济联系。北宋政权为了利用唃厮啰政权来牵制西夏，同时从河湟地区得到国防和生产所急需的马匹和西域各国的上好玉石、珍珠、玛瑙等宫廷所需的奢侈品，对唃厮啰政权的称臣进贡活动给予了积极回应，除了对贡品按值给价外，还额外给予丰厚的赏赐。大中祥符八年（1015年），唃厮啰、李立遵等吐蕃首领向北宋贡名马，北宋赐给唃厮啰等人锦袍、金带、供帐什物、茶药等价值黄金7000两的物品。次年，唃厮啰和李立遵再次向北宋贡马582匹，北宋政府赐给价值12000缗的器物和钱币。元丰二年（1079年），董毡贡马463匹，北宋政府赐钱11200缗，银彩各1000。此外，北宋政府还时常以"岁赐""月赐"的名义，赐给唃厮啰政权的大小首领大量的财物，其中包括茶叶、布帛、药品等一些禁止出边的物品。如宝元元年（1038年），北宋决定每年赐给唃厮啰彩绢1000匹、角茶1000斤、散茶1500斤。第二年，又赐给唃厮啰帛2万匹。元丰五年（1082年），赐给董毡金束带一条、银器2000两、绢3000匹，并在"岁赐"中另增大彩500匹、角茶500斤。据学者们的不完全统计，从唃厮啰本人第一次（1015年）向北宋进贡到其政权崩溃（1104年）的九十多年中，唃厮啰政权及属下的河湟吐蕃大首领向北宋进贡45次，北宋回赐或封赐多达150余次，可见双方的贡赐贸易活动是非常频繁的。

在与北宋的贡赐贸易交往中，唃厮啰政权的统治者经常称北宋的皇帝为"阿舅天子"，称自己为"蕃家王子"。唃厮啰政权的贡使在北宋受到非常优厚的待遇，北宋皇帝有时还亲自召见他们，尽量满足他们的要求，还派使臣把赏赐押送到青唐。宋仁宗时，为了表示对唃厮啰政权的亲切和重视，还特意把唃厮啰贡使在各国贡使中的座位安排在比较靠前的地方。熙宁十年（1077年）以后，宋仁宗又下诏要求给唃厮啰政权的回赐按贡品市值增加20%赏给物品或钱币，以示优厚。当时，陕西各地的州、县都设有驿馆，接待唃厮啰政权往返的贡使团。此外，唃厮啰政权的贡使们在贡物之外还携带大量的其他商品，在北宋京城进行贸易。北宋朝廷允许他们"任便交易"。有时，唃厮啰政权管辖下的一些部落首领也以进贡的名义，携带大量商品到北宋的京城进行贸易。唃厮啰政权向北宋进贡的物品，除了有马匹、麝香等特产以及从西域商人手中换来的象牙、珍珠、玛瑙等珍贵物品外，还有制作精良的各种兵器。其中利用冷锻金属硬化技术制造的瘊子甲，颜色呈青黑色，表面十分光亮，可以照见毛发，而且质地轻巧，坚硬无比，五十步之内，强弩很难射穿，被宋军的将领们视为宝物，争相收藏。北宋回赐给唃厮啰政权的主要是丝绸、茶叶、银器、衣帐等物品。

由于贡赐贸易是在贡赐这种政治外衣掩盖下进行的，所以很大程度上受政治关系的影响。当唃厮啰政权与北宋间的关系十分密切时,两国间的贡使往来就非常频繁,北宋对贡赐贸易的管理也比较宽松,唃厮啰政权的贡使团可以在京城随意进行贸易。当两国间的关系比较紧张时,双方间的贡赐活动基本停止或很少,北宋对贡赐贸易的管理也随之严格。元符二年(1099年)二月,青唐主瞎征的贡使团夹带回纥商人刘三去京城做生意,结果被北宋熙河兰会路经略司查出,刘三被就地扣留。北宋政府随后作出决定,吐蕃贡使团到京城,不许夹带私商和超出规定数额的物品,若被查出,扣留贡使,并以违制论处。同年七月,宋军进入河湟流域,九月占领青唐城,唃厮啰政权土崩瓦解。唃厮啰政权灭亡后,青海地区的贡赐贸易活动便基本中断了。

元明时期贡赐贸易的短暂兴盛

元代,青海地区的贡赐贸易得到了一定程度的恢复。但和以往不同的是,参与贡赐贸易的不再是某一个国家或政权,而是许多少数民族部落的大小首领、上层僧人了。据《元史》记载,青海藏族部落首领、僧俗贵族前往大都(今北京)朝贡的络绎不绝,贡使团的规模非常庞大,常常有成百上千人。贡赐贸易的恢复，在一定程度上密切了青海少数民族和内地的经济文化交流，增强了民族团结和民族凝聚力。

明朝建立初期，为了加强对西北少数民族地区的统治，在普遍推行卫所制度和土官制度的同时，为实现分而治之的目的，还积极鼓励这一地区的少数民族首领赴京进献方物，"自通名号于天子"，以表示对明王朝的顺从和"向化"。同时，为了推行"因俗而治"的政策，给这些地区的上层僧人授予大国师、国师、禅师、都纲、喇嘛等僧职，允许他们赴京朝贡。① 青海地区的许多少数民族首领、土官和上层僧人，为了表示"向化"之心，纷纷赴京朝贡。特别是洪武二十六年（1393年），西宁地区的藏传佛教僧人三罗喇嘛建成佛寺后，明太祖朱元璋赐名瞿昙寺，并设立了西宁僧纲司，任命三罗为都纲。在明朝政府这一扶持藏传佛教举动的影响下，青海地区的藏族首领和僧人到京城进贡的日益增多。据学者们统计，从洪武六年（1373年）到正德九年（1514年）的141年间，今青海境内的少数民族首领、上层僧人和土官进京贡献方物的次数总计达200次以上，平

---

① 《明史》卷330《西域二》记载："永乐时，诸卫僧戒行精勤者，多授剌麻、禅师、灌顶国师之号，有加至大国师、西天佛子者，悉给以印诰，许之世袭，且令岁一朝贡，由是诸僧及诸卫土官辐辏京师。"

均每年1.4次以上。青海地区的朝贡者们进献的方物主要是马匹，明朝政府为了表示"恩典"和笼络人心，除了对进贡的方物论值给价外，还要给予丰厚的赏赐。而且，贡使们在返回途中可以做生意，获利很多。如正统八年（1443年），瞿昙寺国师喃葛藏卜等赴京朝贡时，请求朝廷允许他回去时购茶15000斤，最后朝廷准许他购买5000斤。第二年，安定王亦攀丹派属下的国师摄剌藏卜等人赴京朝贡，返回时贡使团成员每人购茶200斤，还给安定王购买了3000斤，请求朝廷派人运输。朝廷认为他们购茶太多，下诏允许安定王购茶500斤，官方派人运输；允许国师购买200斤，其他人购买100斤，自己雇人运输。

早在洪武、永乐年间，明朝政府允许青海地区的少数民族上层每年朝贡一次。如西宁十三族中，大的部族有数千人，小的部族只有几百人，但为了广播天朝上国的声威，也允许他们一年进京朝贡一次。对进京朝贡者，随便赏赐，没有什么定制。[①]但是，随着朝贡者数量和朝贡次数的不断增加，明朝政府开始加强了对朝贡的管理，逐步形成了一整套明确的制

---

① 《明史》卷330《西域二》记载："其他族种，如西宁十三族、岷州十八族、洮州十八族之属，大者数千人，少者数百，亦许岁一奉贡，优以宴赉。"

度和规定。明成祖永乐年间,要求上层僧人一年一贡,不久又改为三年一贡,并且明确规定:三年期到,如不朝贡,即视为对朝廷不敬。同时,明朝礼部在永乐元年制定出了对朝贡者的赏例:以河州卫必里千户所为例,千户来朝贡的每人赏银60两,彩币(帛)6表里,钞100锭(每锭为5贯);被授予或没有授予纳马金牌的头目亲自来朝贡的,赏银50两,彩币5表里,钞70锭;附贡者,赏银30两,彩币3表里,钞40锭。后来,由于进贡者所贡的马匹质量优劣不一,礼部又于宣德元年(1426年)经过讨论后规定:中马每匹给钞250锭,丝1匹;下马每匹给钞200锭,丝1匹;下下马每匹给钞80锭,丝1匹;有疾病或瘦小不堪的,每匹给钞80锭,绢2匹。由于明朝政府给朝贡者的赏赐比较优厚,朝贡者返回时沿途又可以进行贸易,购买所需的茶叶、布帛等,所以僧人、土官趋之若鹜,明朝政府不堪重负,不得不再次对朝贡的人数、次数加以限制。正统九年(1444年),明朝政府下达敕令给甘肃总兵官和陕西行都司,认为"近者西宁等处番僧剌麻来朝者甚众,缘途军民供给烦劳,况道路辽远,彼亦跋涉不易",要求"自今至者,惟远方化外之人如例起送,余留尔处照旧管待听候。所进之马就彼给军骑操,方物俱贮官库,第具数来闻，用偿其值。凡彼情有欲言，尔等研实，即为条陈，听候处置，庶彼此两便。尔等仍善抚谕，无失朝廷怀柔之意"①。从此，邻近西宁的部落首领和僧人很少再远赴京城朝贡，只有偏僻地方的部落首领和僧人照旧赴京朝贡。景泰七年（1456年），明朝政府大大减少了对番僧朝贡的赏赐，规定部族头人每人赏赐彩段二表里，随从人员每人一表里，均不赏赐衣服、靴袜。所进贡的马匹，中马只给钞200锭。同时要求"贡有定期、人有定数、物有定品、印信有定据"。但是，各地前来朝贡的部落首领、僧人几乎每年都超过了规定的数额，一些不法之徒还冒充贡使，进贡羸弱马匹和粗劣方物，骗取朝廷赏赐。成化三年（1467年），明朝政府再次要求西宁、河州等地的地方官，今后"凡番夷进贡，务将年貌、族分及所贡物一一审核开报，勿令冒名作弊"②。正德十年（1515年），礼部奏，番僧希求赏赐，朝贡不绝，虽经屡次申饬，仍然人多为患。长此下去"虽神输鬼运，其何能应无穷之用哉"③！于是，不堪重负的明朝政府再次决定，每个寺院只给勘合10道，每到贡期的时候，勘合比对正确者才

---

① 《明英宗实录》卷113"正统九年二月壬辰条"。
② 《明宪宗实录》卷44"成化三年七月辛巳条"。
③ 《明武宗实录》卷125"正德十年五月戊戌条"。

能进贡，并严格控制期限和人数。

但是，贡赐贸易的繁荣局面并没有维持太长时间，从明正德初年开始，大批东蒙古部落先后来到以青海湖为中心的青海草原上游牧，他们除了时常进犯明朝的边塞外，还通过抢劫当地藏族部落的人口、牲畜来壮大自己的实力。青海地区的藏族部落势单力薄，纷纷成为蒙古人的附庸，被迫年年向蒙古人交纳称之为"添巴"的贡赋。从这时起，青海境内的藏族部落首领、上层僧人和土官很少向明朝进贡，贡赐贸易也一落千丈，开始衰落下去。

清代贡赐贸易的彻底衰落

明末清初，青海涉藏地区归厄鲁特蒙古和硕特部首领顾实汗管辖。当时，明王朝在农民起义的打击下摇摇欲坠，而兴起于东北的女真政权，国势蒸蒸日上。具有敏锐政治远见的顾实汗和五世达赖喇嘛于公元1642年派遣使团远赴后金首都盛京（今辽宁沈阳）朝贡，受到了皇太极的隆重接待。清朝入主中原后，顾实汗向清朝的进贡就更加频繁了。从公元1642—1655年他去世的十多年中，向清朝进贡的次数达十多次，有的年份先后两次进贡，往往是前面的使者刚刚到达，后面的使者又接踵而至。而且，在顾实汗向清朝进贡时，厄鲁特蒙古的许多台吉也附名一同进贡。如公元1646年，顾实汗派使者入京贡马，厄鲁特蒙古各部附名进贡的台吉、领主有21位之多。入贡使团的规模也非常庞大，经常有贡马、骆驼数百匹或上千匹。清朝政府为了抚慰远方，给贡使非常优厚的待遇。除按贡马的等级以高于市价发给银钞，或折合实物付给贡马价外，还按贡使官衔大小、地位高低颁赐各种赏品。贡使离京前，设宴欢送。此外，贡使们还可以携带大量的货物到内地进行交易。通过这种频繁的贡赐贸易，青海地区输出了大量的畜产品，从内地换回了许多生产生活必需品，丰富了各族人民的生活，提高了青海地区的生产技术水平。

顾实汗去世以后，青海地区的蒙、藏部落与清朝之间的贡赐贸易往来并没有中断。康熙三十六年（1697年），顾实汗之子、青海蒙古首领达什巴图尔率领众多蒙古首领到北京进贡，康熙皇帝十分重视，派人提前在途中为使团准备好了所需的粮食、乘马和9000多只羊。达什巴图尔等人抵达北京后，康熙皇帝又赏赐了许多银、币、鞍、马等物品。此后，到雍正元年（1723年）的26年当中，青海蒙古王公台吉均以获得清朝的赏赐、俸银为荣，朝贡不绝。

罗卜藏丹津反清事件发生后，清朝政府对青海蒙、藏首领的进贡活动进行了整顿和规范，规定朝贡要按期定地举行，在王公台吉中指定人数，让他们自备驼马，由边外赴京请安进贡。同时，各王公、贝勒分为三班，三年一次，九年一周，赴京进贡。这时候，例行的朝贡虽然也有赏赐，但贡赐贸易不论从规模上还是从数量上都大不如前。加之国内统一市场的形成和青海境内其他各种贸易的发展，贡赐的经济意义已经十分微小，仅仅体现着一种政治上的臣属关系了。辛亥革命后，随着清王朝的最终灭亡，延续了上千年的贡赐贸易便退出了青海的商贸历史舞台。

二、边关互市

汉代初期，西汉政府同北方的匈奴在边境地区开始通商，成为中国最早的边关互市贸易活动。张骞出使西域后，丝路贸易兴盛起来，在河西走廊的张掖等地出现了比较固定的交易市场。南北朝以来，互市贸易得到了迅速发展，逐渐成为边疆地区各少数民族与内地进行贸易交往的一种重要方式。隋代时，加强了对边关互市贸易的管理，使边关互市贸易得到进一步发展。青海地区的互市贸易也出现于这个时候。唐代以来，青海地区的互市贸易步入了快速发展时期，特别是互市贸易中的茶与马的交易，由政府直接主办，逐渐从互市贸易中分离出来，被人们称为茶马贸易。下面着重介绍的是青海地区除茶、马交易以外的互市贸易发展的情况。

承风戍互市和赤岭互市

隋朝统一全国后，在西北地区推行农牧并举、繁荣商贸的综合开发政策，有力地推动了这一地区经济社会的发展，边境各少数民族和内地的互市贸易也得到了迅速发展。为了加强对互市贸易的管理，隋朝政府设立了"交市监"，负责管理边境地区的互市贸易。当时，统治青海广大牧业区的吐谷浑政权，受丝路贸易中与西域贸易不景气的影响，加之中西贸易对日常生活来说远水解不了近渴，不得不对其与内地贸易的方式进行调整。他们除了积极发展和隋朝的友好关系，开展频繁的贡赐贸易外，还和隋朝政府商议后决定，在双方交界的承风戍（在今青海湟中区上新庄南拉脊山口一带）建立固定的交易市场，开展经常性的贸易交往活动。从开皇十年（590年）以来的十多年中，由于隋朝和吐谷浑和平相处，双方的互市贸易进行得非常顺利。隋炀帝继位后，好大喜功，一改过去与周边少数民族友好交往的政策，积极向外扩张。大业五年（609年），隋炀帝亲率大军西巡，重创吐谷浑，使吐谷浑一度亡国，其王伏允逃往党项。从此，隋朝与吐谷浑的互市贸易也就中断了。

唐朝建立后，为了尽快恢复被战争破坏的经济，实行了轻徭薄赋、休养生息等政策。但是，由于各地耕牛奇缺，农业生产大受影响。因此，唐朝政府积极执行与周边少数民族通商的政策，在边境地区开设互市，通过互市贸易从少数民族手中换回大批牛、马等牲畜。在开设互市的同时，唐朝政府还进一步加强了对互市贸易的管理，将隋朝设置的交市监改为"互市监"。互市监的长官是监丞，归所在地的州、府管辖，其职责是维持市场的秩序和治安、核定交换的价格、检查出入境商品和征收市税等，代表官方对交易市场进行管理。后来，互市监改称"通市监"，掌管陆路上的对外贸易以及和少数民族贸易马匹的事务。唐朝与吐谷浑之间的互市贸易，正是在这种大背景下开始的。

武德八年（625年），唐朝派使者李安远出使吐谷浑,希望进一步加强两国之间的友好关系。吐谷浑王伏允在热情接待唐朝使者的同时,请求唐朝允许在承风戍进行互市。当时,唐朝除了与北方的突厥开展互市贸易外,还急需与突厥以外的一些游牧民族进行贸易,换取大批的牛、马等牲畜用于耕作,因此很快就答应了吐谷浑的请求,在承风戍开设互市进行贸易。通过频繁的互市贸易,唐朝从吐谷浑得到了大量的牛、马,解决了耕牛缺乏的困难,推动了农业生产的发展。史书记载说,由于从周边各少数民族手中换回了许多牲畜,不久以后,唐朝境内就出现了"杂畜被野"的景象。此外,内地的铁器、陶瓷、丝绢、茶叶等大量输入青海地区,对各族人民的生产生活产生了深刻影响。特别是茶叶,以其去渴生津、消食健脾胃的功能,深受各族人民的喜爱,逐渐成为生活中不可或缺的消费品。唐贞观十四年(640年),唐太宗将宗室女弘化公主嫁给吐谷浑王诺曷钵后,双方的关系更加亲密,互市贸易也更为频繁。受互市贸易发展的带动,当时的鄯州城(在今青海乐都碾伯镇)也集聚了许多前来做生意的外地商人,商业比较兴盛。

吐蕃攻灭吐谷浑后,青海的广大牧区被纳入吐蕃统治之下。在此后很长的一段时间内,唐朝和吐蕃在青海地区展开了激烈的争夺，大大小小的战争持续不断。但是，由于吐蕃统治下的广大牧区和唐朝统治下的广大农区之间还存在进行产品交换的需求，因此，在双方和好的时候，仍积极开拓和发展互市贸易。唐中宗神龙二年（704年），唐与吐蕃达成划界协议，史称"神龙会盟"。景龙四年（710年），金城公主继文成公主之后远嫁吐蕃，唐蕃第二次和亲，体现了双方化干戈为玉帛的良好愿望，加强了汉藏族族间的经济文化交流。开元十八年（730年），在金城公主等人的努力下，唐蕃双方达成协议，约定在赤岭（今日月山）各立界碑，互不侵犯。开元十九年（731年），吐蕃请求在赤岭交换马匹，在甘松岭（今四川松潘县北）开展互市。宰相裴光庭认为，甘松是屏护中国的要地，不如在赤岭互市。唐玄宗采纳了裴光庭的建议，答应吐蕃在赤岭开展互市。①赤岭即今湟源县日月山。赤岭互市的商品包括茶叶、布匹、丝织品、牲畜、畜产品等，可以说，它标志着我国边关互市的正式开始。开元二十二年（734年），应吐蕃的请求，唐朝派金吾将军李佺来到青海，在赤岭和吐蕃使者分界立碑，

---

① 《新唐书》卷216《吐蕃传上》记载：开元十九年，"吐蕃又请交马于赤岭，互市于甘松岭。宰相裴光庭曰：'甘松中国阻，不如许赤岭。'乃听以赤岭为界，表以大碑，刻约其上"。

相约"舅甥修其旧好、同为一家"。随后,唐蕃又分派官员到双方交界各处,布告"两国和好,无相侵掠"。但是,和平并没有维持多久,开元二十四年(736年),唐蕃双方又重开战端。开元二十六年(738年),赤岭界碑被捣毁,赤岭的互市贸易再次宣告中断。

"安史之乱"发生后,吐蕃乘唐朝西部边防空虚之机,占领了陇右和河西广大地区。尽管唐蕃之间战争频发,但是双方之间的互市贸易并没有因此而中断,只是随着双方疆界的东移,互市地点由青海境内的赤岭东迁到了甘肃东部的平凉一带。由于互市地点的变化,青海境内的互市贸易活动虽然暂时停止了,但是,各族人民又积极参与到唐蕃之间的互市贸易活动这一历史大潮之中,为汉藏间的经济文化交流做出了自己的贡献。

兴盛一时的榷场贸易

宋代是我国商业发展的一个黄金时期。由于宋朝政府不再奉行西汉以来一直实行的轻商、抑商政策,商业得到了前所未有的发展。在国内商业空前繁荣发展的同时,北宋还在边境地区设置了许多榷场,和辽、西夏、金以及唃厮啰政权开展互市贸易。当时,各榷场都设有专门的官员,负责稽查货物、征收商税,交易的双方多经官府的牙人从中斡旋。北宋和唃厮啰政权之间的榷场贸易,比北宋和辽、西夏、金之间的榷场贸易开展得晚得多,是在北宋积极向西拓边的过程中逐步发展起来的。

北宋熙宁元年(1068年),宋神宗继位后,在任用王安石进行变法的同时,积极向西北地区开边拓土。当时,主持秦凤路拓边事宜的变法派人物王韶,看到吐蕃部落对中原地区的茶叶等商品有一定依赖和需求,就建议朝廷在古渭寨(今甘肃陇西县境内)设置榷场,同吐蕃部落开展互市贸易。由于王韶的这一建议符合宋神宗等人开边拓土的想法,因而很快得到了批准。熙宁三年(1070年),北宋在古渭寨设立了榷场,任命王韶为提举番部兼营田市易,全面主持这一地区的营田开边和互市贸易。此后,王韶以开展边境互市贸易为先导,不断向西拓展边界。熙宁五年(1072年),北宋推行市易法,在京城设立"提举市易司",在边境和一些重要城市设立"市易司"或"市易务",加强了对互市贸易的管理。王韶在征得朝廷同意后,在秦凤路设置了"市易司",负责管理当地的互市贸易。

熙宁五年(1072年)以后,王韶在熙河方向展开了大规模的拓边行动，先后占领了熙州（今甘肃临洮）、河州（今甘肃临夏）、宕州（今甘肃宕昌县）、岷州（今甘肃岷县）等地。不久，分别在熙州、河州、岷州设立榷场，开展互市贸易。由于北宋政府积极招徕各族商人前来经营贸易，不仅西域和河湟地区的各族商人纷纷前往这里贸易，而且中原地区的不少商人也来到这里。一时间，榷场中各地商人云集，各种商品琳琅满目，互市贸易十分活跃。据元丰二年（1079年）负责管理熙河路边防财用事务的官员李宪说，当时前来河州、熙州榷场贸易的吐蕃商人很多，其中大多数是青海河湟地区的吐蕃商人。他们交易的商品除了有马匹、粮食、麝香、水银、朱砂、牛黄、珍珠、珊瑚、生金、木香、三雅褐、花蕊布、兜罗锦、绒毛、羚羊角、竹牛角、红绿皮等土特产外，还有银枪、铁甲等手工艺品和兵器。[①] 北宋支付给他们的主要是茶叶、丝绸和钱币等。由于互市贸易的兴盛，北宋每年可以在熙河地区购买到22万石军粮、10万石马料、80万束草，购买到的军马每年不下15000匹。[②] 而且，北宋政府从互市贸易中获得了可观的经济收入，如元丰元年（1078年），政府获利41万多贯石，

---

① 李涛：《续资治通鉴长编》卷299，元丰二年七月己卯记事。
② 李涛：《续资治通鉴长编》卷272，熙宁九年正月乙亥记事。

第二年达到68万多贯石。

崇宁三年（1104年），宋军进占河湟地区后，在西宁州（治今青海西宁）、湟州（后来改称乐州，治所在今青海民和县境内）、廓州（治今青海化隆县群科上城）、积石军（治今青海贵德县河阴镇）设立了"市易务"，在民间广泛开展互市贸易。但由于北宋在这一地区的统治并不稳固，互市贸易发展比较慢，规模也不是很大。

北宋灭亡后，金取代了北宋在河湟地区的统治。六年后，西夏势力进入河湟地区，青海东部地区开始进入金和西夏共同统治的时期。后来，西夏向金称臣，积极谋求与金开展商业贸易。金皇统元年（1141年）正月，西夏请求设置榷场进行贸易，得到金的许可。随后金在其境内的兰州、保安、绥德设置了榷场，与西夏开展互市贸易。榷场有固定的场址，有稽查出入、征收商税的管理人员，还有牙人评定货色等级，兜揽成交。金大定十二年（1172年），金以夏国以珠玉易其丝帛，乃以无用易有用也为由，关闭了兰州和保安两地的榷场。后来经西夏多次请求，恢复了兰州榷场。由于兰州和青海河湟地区毗邻，河湟的商人大多前往兰州榷场进行贸易，商品的种类和唃厮啰政权与北宋贸易时的差不多，但交易量大不如前了。

元代，统治者们非常重视商业贸易，经常在包括青海地区在内的西北各地组织"和市"。这种"和市"虽然和此前历代中央王朝在青海举办的边关互市贸易有很大的不同，存在的时间也比较短，但它是青海地区互市贸易的延续，在一定程度上促进了青海境内商业贸易的发展，具有积极意义。

明清以来的边口互市

明代，青海境内的茶马贸易和贡赐贸易主要是在朝廷和藏族之间进行，边关互市贸易主要是对蒙古族而言。由于蒙古族是正德四年（1509年）以后陆续迁入青海地区的，所以，边关互市贸易举办的时间比茶马贸易和贡赐贸易要晚一些。

明后期，蒙古右翼诸部由今内蒙古中部一带西迁至水草丰美的青海湖地区。如正德四年（1509年），东蒙古永邵卜部首领亦不剌在内部纷争中失败后，率领部众来到青海湖地区。不久，卜儿孩部也因内部纷争迁到了这里。此后，右翼蒙古首领（原土默特部重要首领）俺答汗多次兵临青海，击败了亦卜剌、卜儿孩部，俺答汗还让自己的第四个儿子丙兔驻守青海湖地区，侄孙宾兔驻守松山（在今甘肃天祝县境内），将这些地区纳入自己的控制之下。由于青海湖很早以来就叫"西海"，人们便把这些陆续迁徙到青海湖周围的东蒙古部落称为"西海蒙古"。由于其来自青海东部，故又称"东蒙古"。

西海蒙古迁居青海后，仍以畜牧业为主，因此需要出售马、牛、羊和皮、毛等土特产，从内地购进棉花、绸缎、茶叶、粮食等生活用品。隆庆五年（1571年），俺答汗被明朝册封为顺义王，明蒙之间恢复了互市贸易。但是，明朝既不愿意让东蒙古部落居住在青海，又怕互市一开，妨害朝廷和藏族之间的茶马互市，影响边疆稳定，因而故意不在河西走廊地区开设互市。青海湖和松山的蒙古部落便以骚扰明朝的边境为手段，不断向明朝施加压力。最终，明朝政府为了保持河西走廊地区的安宁，不得不做出让步。万历二年（1574年），明朝政府先在宁夏中卫开设互市，准许青海湖、松山两地的蒙古部落前去贸易。但由于路途遥远，往返艰难，不被蒙古部落所接受。万历三年（1575年），明朝政府只得就近设市，将西海蒙古的互市地点设在扁都口、洪水堡（在今甘肃民乐县），松山蒙古部落的互市地点设在庄浪岔口堡（在今甘肃天祝县），并且规定在每年的九月进行互市。最初，互市主要是以明朝和蒙古部落之间进行的官市为主，后来，主持互市的明朝官员见前来贸易的蒙古人很多，而官府手中掌握的用来贸易的钱粮有限，于是积极招徕各地的商贩前来与蒙古人开展贸易，于是逐渐产生了民市。每年互市一开始，先进行官市，官市完毕后才进行民市。民市的交易范围、商品种类、交易额远远大于官市。

明末清初，原先游牧于新疆地区的卫拉特蒙古四部之一的和硕特部，在其首领顾实汗的率领下移牧青海，史称"青海蒙古"，又称"西蒙古"。清朝控制河湟地区后，青海蒙古与内地的边口互市贸易也逐步开展起来。顺治年间，互市的地点设在青海镇海堡（今湟中区多巴镇通海）、北川口（今大通县）、洪水口（今甘肃省民乐县）等地。后来，因互市贸易发展迅速，互市地点增多。清朝平定罗卜藏丹津叛乱后，对互市贸易进行严格控制，并将这作为控驭青海各民族的手段。

雍正二年（1724年）之前，青海重要的民族商贸集散地在多巴（另有今大通县老城关白塔儿），"番夷贸易，山陕商人往来络绎俱集于此"①，由于这里与

---

① 青海办事大臣马尔泰等：《奏覆遵旨严慎稽查栋科尔城往来贸易番人等折》（雍正十二年二月初十日），见《雍正朝硃批奏折汇编》，南京：江苏古籍出版社，1991年。

明以来的边关互市地点洪水邻近，西域经河西走廊运往青海的商品有一部分分流到这两处，所以商业一度兴旺，定居的人口渐多。然而，随着青海蒙古与朝廷关系变僵，双方的边界线西移至距西宁90余里的丹噶尔一带。雍正二年，清政府平定蒙古和硕亲王罗卜藏丹津叛乱以后，抚远大将军年羹尧上奏《青海善后事宜十三条》，其中第三条是关于蒙古按期朝贡、定地交易的建议。年氏主张，青海蒙古"与内地之人互相贸易之处，则定以每年二月、八月二次交易，俱以边外为集。臣选得西宁西川边外，有那拉萨拉地方，请指定为集，不准擅移。届期，仍令总兵官饬委营弁，领兵督守，如有擅进边墙者，即行惩治"。年羹尧选的交易集市点"那拉萨拉地方"，即蒙古语所称日月山。他主张每年交易二次，届时派军队掌控。总理事务王大臣等讨论时认为："应如所请。但各蒙古所需用茶叶、布、面等物，交易之期过远，必致穷乏，应令四季交易。"[①] 朝廷批准每年交易四次。第二年，奋威将军岳钟琪又奏请："今查亲王察罕丹津、公拉查卜等诸台吉部落居住黄河之东，切近河州，去松潘亦不甚远，向来原在河州、松潘两处贸易，今若止令在于那拉萨拉一处，恐不足供黄河东、西两翼

---

① 《清世宗实录》卷20，雍正二年五月戊辰。

蒙古易卖。"于是建议居牧于黄河以东的各部落照旧仍在河州、松潘贸易，至于居牧于黄河西边，距西宁较近的各部落，"请将贸易之地，移在西宁口外丹噶尔寺"。另外，鉴于"蒙古贸易，全藉牲畜，每在六月以后"，所以应准许不定期限，"仍听不时贸易，则蒙古、商贩均获利益矣"。① 朝廷认为岳氏的奏请"甚属周详"，便全部照准。从此，丹噶尔寺（即东科尔寺）附近今湟源县城关镇成为政府规定的合法边关市场。两年后，即雍正五年（1727年），在丹噶尔寺南筑丹噶尔城一座，并驻扎绿营官兵，适应了边关贸易及军事防务的需求。雍正六年（1728年）前后，清政府将"番夷贸易之事移于彼（丹噶尔）"②，民族贸易中心也因此从多巴西移至丹噶尔。

清朝政府准许游牧于青海南部地区的蒙古部落就近到河州的双城堡和松潘的黄胜关西河口进行互市贸易，并将原先设在那拉萨拉的互市地点向东迁到了丹噶尔寺，同时取消了对互市的时间限制，允许可以不定期地进行贸易。清朝政府的这些举措，极大地促进了青海地区边口互市贸易的发展，特别是

---

① 《清世宗实录》卷31，雍正三年四月丙申。
② 青海办事大臣马尔泰等：《奏覆遵旨严慎稽查栋科尔城往来贸易番人等折》（雍正十二年二月初十日），见《雍正朝硃批奏折汇编》，南京：江苏古籍出版社，1991年。

丹噶尔被定为互市点后，由于这里地处农牧交接带，向西可以接通广大牧区以及西藏，地理位置优越，因此，各省商人云集，运往西藏、青海西部地区的货物和来自蒙藏地区的货物堆积如山，迅速发展成为青藏高原地区的一个民族贸易中心。乾隆六年（1741年）时，远在新疆境内的准噶尔部也长途跋涉来到丹噶尔市场进行贸易。当然，清朝对互市点以外的边口贸易也是严格禁止的，并且制定有这方面的法律，如果有人违反，轻则鞭打、罚款，重则绞死。如雍正十二年（1734年）西宁办事大臣衙门从蒙古例中摘出68条，以唐古特字（即藏文）颁行藏族，这就是有名的"《番例》六十八条"。其中涉及边口贸易的一条说："凡唐古特人等，不许私自与远处蒙古、番子、回子等贸易，若（或）使人贸易，及探望亲属，或出卡伦邀接货物贸易。如有明知违例，该管头目故纵者，查系从何部落发觉，即将该部落之千户等罚犏牛五十条，百户等罚犏牛四十条……为首之人绞，抄没家产；为从者各鞭一百，并罚三九牲畜。其财货俱行入官。"① 这里的"三九"即3乘以9得27头牲畜。看守卡伦之人稽查不严者，也要分别受"革去等级，财产抄没"

---

① 周希武著，吴均校释：《玉树调查记》，西宁：青海人民出版社，1986年，第205页。

和鞭打罚服的处罚。《番例》既然是从《蒙古例》中摘出来的，可见这些律例原来是针对蒙古人的，雍正年间及其前后对蒙古人仍然适用。

乾隆二十六年（1761年），随着准噶尔部对清朝西部边疆的威胁被彻底消除，清朝政府进一步放宽了对青海地区边口互市贸易的限制，允许内地商人携带茶叶、布匹等货物前往青海湖地区，和当地的蒙古部落进行贸易，但必须持地方政府核发的"蒙古汉字印照"，接受守边官兵检查，严禁夹带私货。当时，内地的许多商人前往牧区贸易，边口互市贸易呈现出一派繁荣景象。后来丹噶尔市场之所以一度出现极盛居面，这些都与清政府削除人为的贸易壁垒，取消某些贸易禁令、宽松贸易环境有很大关系。与此同时，随着边口贸易的发展，"歇家"这个特殊的商人阶层开始出现。他们集商业经纪人、货栈店主、牙侩、翻译等多种身份于一身，为促进互市贸易的发展和各民族之间的经济交往做出了积极贡献。

但是，从嘉庆年间（1796—1820年）以来，居住黄河以南的藏族部落为了缓解人口增加带来的牧地紧张的局面，不断向黄河以北地区迁移，引起了蒙古、藏两族关系的紧张和青海社会的动荡。一些歇家唯利是图，乘机向蒙藏部落销售违禁物品，扰乱互市贸易。清朝政府为了维护早先所划定的"南番北虏（蒙古）"的格局，对藏族部落北移活动进行了多次武力干涉，但成效并不明显。道光三年（1823年），曾于嘉庆年间担任过西宁办事大臣的那彦成出任陕甘总督，来到青海处理蒙藏问题。为了防止歇家扰乱贸易，那彦成对歇家进行整顿，实行了"循环印簿"制，即每个歇家发给印簿两本，交替使用。歇家将每天来店里住宿的人数、来由和所带货物的种类、数量，以及所购买的货物的数量等，详细地登记在印簿上，于第二天早上呈报县衙查验。如果边卡查出商贩所带货物与印簿上的记录不符合，或者带有违禁物品，商贩与歇家同罪。①

清代从事边口贸易的商民被称为"羊客"。鉴于嘉庆年间（1796—1820年）羊客们多有违禁现象，那彦成整顿边口贸易市场时，规定羊客必须"将带卖之布匹绸缎及不干例各物并沿途自食粮茶若干，同行几人，是何姓名，前往何处买羊，由何路行走，由何卡进口"等先行报官，均"开载票内"，"买羊在一千只以上者给大票一张，一千只以下者给小票一张，仍发西宁府交于羊客执掌，前往票载地方贸

---

① 参见崔永红：《青海经济史》（古代卷），西宁：青海人民出版社，1998年，第231页。

易。大票限四个月进口,小票限两个月。或由甘、凉、肃载明所进何口,该守卡弁兵查验羊只货物与票载相符,即将印票截角",按季上报西宁府。① 显然,这时对边口贸易又多了一些限制。上述那彦成的诸多措施虽然在一定程度上规范了混乱的边口贸易,但是,随着民间集市贸易等其他各种形式的贸易的发展,互市贸易日趋衰落。

---

① 参见崔永红:《青海经济史》(古代卷),西宁:青海人民出版社,1998年,第227页。

民间贸易

从贸易的形式来讲,一般认为可以分为两种:一种是官方主持的贸易,一种是民间贸易。以民间贸易团体或个人名义进行的贸易往来,为民间贸易。青海地区民间贸易发生的历史比较早,可以追溯到距今5000多年的新石器时代晚期。但整个古代,总体上可以说民间贸易都不够发达,市场少,规模小,商品交换的限制因素多,商品种类单调。这与青海地区人口少,居住分散,经济发展相对滞后,交通不方便等因素有关。元代以前,民间贸易有时兴旺,有时冷落,时断时续,发展缓慢。直到清朝中后期,随着青海地区人口的增多,经济社会的发展,交通状况的改善,民间贸易才逐渐繁盛起来。西宁、碾伯、丹噶尔(今湟源县城关)先后成为比较集中的商业城镇,城内出现了相对固定的专门市场。一些主要寺院如塔尔寺、结古寺、隆务寺、拉加寺等成为定期或不定期开展贸易的重要场所。尤其丹噶尔的民族贸易一度空前兴盛,青海、西藏少数民族商品云集,内地各省客商辐辏,交易商品种类之多、交易额之巨超过了西宁数倍,曾有"小北京"之美誉。青海建省前后,民间贸易发展速度更快,城镇市场增多,农村集市网点进一步密集,牧业区商业网点也有所增多。商人队伍庞大,拥资百万余银元的商号已不罕见,民间贸易进一步繁荣。但地方军阀所办商业垄断市场后,商铺和商民有所减少,民间贸易的发展受到限制。从青海自身纵向看,近代以来民间贸易发展很快,但如果横向看,与内地相比青海仍属于民间贸易比较落后的地区。

一、蹒跚迈步时期——远古至元代

最早的钱币是什么样子

考古学上把人类学会使用磨制石器、出现长期定居村落的时代称为新石器时代。青海境内发现的马家窑文化(1923年首次发现于甘肃临洮马家窑村而得名)属于新石器时代晚期文化,距今已有5000多年的历史。那时候,原始农业和家畜饲养业、狩猎业已经有了一定发展,人们得到的产品除满足最基本的需求外,开始有了剩余。这时原始的商品交换行为已经产生,并且呈现逐步增长的趋势。这个认识是怎么得来的呢?考古工作者在马家窑文化早期的遗址、墓葬中发现了青海不产的海贝、绿松石等,越到晚期,这类东西见到的越多。绿松石是一种稀有矿石,主要产在湖北、陕西等地,它颜色翠绿,鲜亮有光,外表美观,出土时一般带有孔眼,显然是作为贵重的装饰品使用的,在乐都柳湾马家窑文化中期墓中出土了40件,晚期出土了204件。考古学界把较多地发现海贝、绿松石等当地不出产物品的现象视为原始交换行为存在的证据是有道理的。

稍有政治经济学常识的人都了解:钱币——或称货币——是交换和贸易发展到一定程度的产物。我国使用时间最长的货币是铜币。在使用铜币之前,我们的祖先还用过别的东西作货币吗?青海远离海滨,不产海贝,但在马家窑文化以及后来的青铜器时代各文化的遗址或墓葬中都有海贝出土。不仅出土自然贝,还陆续出土仿自然贝制成的骨贝、石贝以及铜贝等,这不能不使人联想到它与原始货币有关。这里所说的贝,不是一般的蚌壳,而通常是一种被称为齿贝的贝，它有美丽的花纹，闪亮的光泽，形象十分诱人。海贝一开始主要作为装饰品，还可能用来辟邪，具有较高的使用价值，同时作为财富的象征，偶尔起交换媒介的作用。随着剩余产品的增多，海贝越来越多地被赋予了交换媒介的作用。因为贝既可分（单个）也可合（联成串），如果在交换和贸易中作媒介，具有容易计价、坚固耐磨、便于携带等优点。

贝是最早的货币,有文献记载可寻。司马迁在《史记·平准书》里讲夏朝曾用贝作货币。我国文字中凡与钱财有关的字往往包含"贝"，如财、货、贮、赏、赐、债、贸、贫、贪（卖、买、宝等字的繁体中也含"贝"）。可见上古有象形文字之始，贝已具有财宝的性质了。清末在云南一些少数民族中仍使用贝作货币，世界上还有另外一些国家（如印度）或地区古代也曾用贝作货币。

青海发现的海贝均带有人工穿孔，穿孔的形制依时代早晚有所不同。大致马家窑文化早、中期流行小孔式海贝，马家窑文化晚期及齐家文化（1924年在甘肃广河县齐家坪首次发现而得名，时代距今约4000—3600年）早期流行大孔式海贝，齐家文化晚期及卡约文化（1923年在今湟中李家山乡卡约村首次发现而得名，时代距今约3600—2700年）、辛店文化（1924年在甘肃临洮辛店村首次发现而得名，时代距今3235—2690年）时最为流行的是背磨式海贝。所谓背磨式，即海贝凸出的背部几乎全部被磨去，只保留象征主要特征的腹部，使贝的体积缩小、重量减轻，更便于携带。考古学专家解释，海贝穿孔形制的这种变化，是它作为实物货币经历了使用频率由低到高的不同发展阶段的反映。① 乐都柳湾马家窑文化晚期墓中还发现了数枚石贝和骨贝，有学者认为当时交换频繁，自然贝不能满足需要，于是有了用骨、石等质料的仿制品。

青铜器时代的卡约文化时期，青海先民们的商品交换达到了新水平，文化遗址中除了出土大量海贝、骨贝、石贝外，还出现了青铜贝和金贝。1981年贵南县沙沟乡关塘遗址卡约文化墓中出土了青铜铸贝2枚，其形状与天然贝相似，腹空，有槽齿。更令人惊叹不已的重大发现是，1978年在大通县上孙家寨卡约文化455号墓中出土了32枚金贝。这种金贝形体小巧玲珑，是用很薄的金片包在木胎上制成的，长约6毫米，宽4毫米，平均重量为0.2246克。同一座墓中还出土了32枚海贝，100多颗绿松石以

---

① 参见许新国：《青海出土贝化初探》，《青海金融》1989年增刊第3期。

及石贝、金耳环等。这座墓的年代相当于春秋后期。春秋时期，我国中原地区开始出现金属铸币，春秋后期及战国时期流行的金属铸币主要有刀币、布币、环钱、蚁鼻钱等。卡约文化出土的铜贝、金贝说明，春秋后期羌人中同样有最早的货币在流通。这些金属贝，可以说是青海地区最早的钱币。青海的金属铸币以其独有的特色为我国早期钱币历史添写了靓丽的一笔。

远古时期货币的使用与能称得上"钱"的实物的发现一样，并不太普遍。人们互通有无最主要的交易方式还是物物交易，例如用谷物换石斧等工具，用羊、猪换陶器，用铜镜换麻布、皮张，用弓箭换装饰品等等。具体的比价、交易细节则难以揣度。

"孔方兄"流通的第一个高峰期

西汉时期是我国历史上商业空前兴盛时期，货币交易非常流行，商品经济十分活跃。西汉前期，青海地区仍是羌人的地方。汉武帝元鼎六年（公元前111年），汉军与先零等羌作战，获胜后，始设护羌校尉，开始向湟水流域移民。在汉族农民移入青海东部的同时，汉朝的钱币也开始在河湟地区流通。今天的人们常常戏称钱为"孔方兄",这显然与方孔圆形的铜钱有关。外部为圆形中间开方孔的铜钱在中国使用了2000年,真可谓源远流长。汉武帝时流行的五铢钱就是比较典型成熟的孔方兄。孔方兄不仅在汉族移民中流通,也在当地羌人中流通。据《汉书·赵充国传》记载,汉宣帝时,朝廷曾以"粟石八钱"的低价在"湟中"地区籴买过谷物,售卖谷物的除汉族外应当也有羌人。赵充国平羌时,为了分化动摇羌人联盟,公告羌人说:"犯法者能相捕斩,除罪。斩大豪有罪者一人,赐钱四十万,中豪十五万,下豪二万,大男三千,女子及老小千钱。"既然以汉钱在羌人中悬赏,表明汉钱在羌人中也是有信誉的。赵充国平羌取得成功后,河湟地区的各族百姓成为金城郡所辖编户齐民,降顺的羌人在金城属国内劳动生活,他们都离不开孔方兄。郡县所辖的编户齐民向官府交纳口赋、算赋、更赋等名目的赋税,当时规定必须用钱币。这样,每个家庭要完纳赋税,都必须将自家的产品售卖了,换成钱币才行。于是,自给自足的自然经济无形中在一定程度上被打破了。据发现于甘肃河西地区的大量汉代木简记载,各郡、县治所都有固定的市场,交通要道、驿站、乡、里等处都有小集市。交易的商品种类有粮食类、副食类(肉、姜、鱼)、衣服类、布帛类、兵车类、牲畜类、奴婢田宅类等。交易中以钱币为一般等价物者最常见，也有以物易物的。① 河湟地区与河西走廊一山之隔，同是汉朝郡县辖区，民间贸易的发展水平应该是一样的。青海东部地下出土的汉代钱币很普遍，数量也较多。出土钱币的品种有西汉的"半两"钱、"五铢"钱，王莽时期的"货泉""大泉五十""契刀五百""货布""小泉直一""一刀平五千"钱以及东汉时期多种式样的"五铢"钱等，其中以西汉"五铢"钱最为多见，仅大通上孙家寨的某座汉墓就出土了600余枚。②

低谷中的小浪花

两汉时期，尤其西汉时期，青海民间贸易的发展出现了第一个高峰。但东汉后期至魏晋南北朝时期，中国商品经济出现倒退，青海地区也一样。由于这一时期战事较多，农业生产常遭到破坏以至被荒废，交通的阻塞、中断严重，在这样的情况下，商品贸易难以正常进行，于是货币交换衰落，商品经济萎缩就

---

① 参看谢桂华等编：《居延汉简释文合校》一书，北京：文物出版社，1987年。
② 参看青海省文物考古研究所编：《上孙家寨汉晋墓》一书，北京：文物出版社，1993年。

是难以避免的了。两晋南北朝时期，中原地区不仅币制紊乱，还一度出现了我国铸币史上的空白阶段。东晋、西晋两代100多年间政府并没有铸造过钱币，凡王朝的赏赐、官员俸禄以及借贷等都用布帛、谷物。北朝拓跋魏以后百余年也基本上不用钱，谷物和布帛代替铸币成为社会上最通行的交换等价物。就全国而言，东汉后期至隋朝时期是商品经济的低谷时期。不过，这期间青海河湟地区和甘肃河西地区却有过一个短暂时期的例外，这就是前凉时期。

前凉时期境内流通金属货币，民间贸易比较活跃，它就像死气沉沉的低谷溪流中出现的一朵耀眼的浪花。前凉统治者是汉族张氏。晋愍帝建兴元年（313年），前凉太府参军索辅向前凉主张轨建议道："古代以金贝、皮币为货币，避免了谷、帛在量度过程中的损耗。两汉制五铢钱，通易不滞。（西晋）泰始中，河西荒废，遂不用钱，民间交易时将布匹撕成数段代替钱币。这样做，布被撕坏了，而交易又难，徒坏女工，又不能衣用，弊病很大。如今中原虽乱，此方安全，应该恢复五铢钱以解决货物流通问题。"张轨采纳了这个建议，下令在前凉辖区恢复流通五铢钱，"钱遂大行,人赖其利",①民间贸易得以兴盛一时。这种状况至少延续了半个多世纪,后来的后凉、南凉、北凉、西凉时期战争频繁,兵荒马乱,民间贸易再次趋于冷落。

除了前凉创造过短暂的商业繁荣景象外,这一时期还有一个小王国创造了商业兴盛的奇迹。这个小王国就是东晋南北朝时期,活跃在今甘川青地区的草原游牧王国——吐谷浑。吐谷浑是辽东鲜卑慕容部与西部羌人共同建立的小王国,吐谷浑人善于经商,对青海商业的繁荣和发展作出了杰出的贡献。吐谷浑人不仅频繁地与南朝、北朝以朝贡赏赐的形式进行商业交往,还积极引导、护送西域商使,参与国际商贸,使丝绸之路南路青海道一度繁盛起来,多枚波斯银币、罗马金币在西宁、乌兰县、都兰县境内发现就证明了这一点。与此同时,吐谷浑人与相邻地区如益州"常通商贾",民间商贸和文化交流也比较活跃,从而使吐谷浑人渐渐变得聪明起来。②在

---

① 《晋书》卷86《张轨传》所记原话是:"太府参军索辅言于轨曰:'古以金贝、皮币为货,息谷、帛量度之耗。二汉制五铢钱,通易不滞。泰始中,河西荒废,遂不用钱,裂匹以为段数。缣布既坏,市易又难,徒坏女工,不任衣用,弊之甚也。今中州虽乱,此方安全,宜复五铢钱以济通变之会。'轨纳之,立制准布用钱,钱遂大行,人赖其利。"
② 《梁书·河南传》载:"其(吐谷浑)地与益州邻,常通商贾,民慕其利,多往从之,教其书记,为之辞译,稍桀黠矣。"

当时全国商业贸易相对于西汉时期明显倒退的大环境下，吐谷浑有如此表现也是难能可贵的。

高峰期的再次出现

唐朝的建立和巩固使中国的经济发展走出了低谷，自西汉以后长期处于消沉的商业重新显出勃勃生机。唐宋时期，随着商业出现前所未有的繁荣景象，"孔方兄"的使用达到了极盛阶段。这是当时全国的情况。那么，青海地区当时的情况是怎样的呢？

唐代，青海东部沿袭隋制设有鄯、廓二州。鄯州治所在今乐都，下辖湟水（与州同在一地）、鄯城（在今西宁）、龙支（治所在今民和县柴沟乡北古城）三县；廓州治所在今化隆县群科镇，下辖化隆（与州同在一地，后改称化成县、广威县）、达化（治所在今尖扎县康杨）、米川（治所在今化隆县甘都）三县。两州共有编户人口5万余人。鄯州曾一度是大监察区陇右道的驻在地。陇右道监察鄯、廓、兰、河等19州，安西、北庭2都护府，其区域相当于今甘肃、青海、新疆的大部，可见鄯州曾一度是西部地区的政治中心、西北地区驿道的中心枢纽。后陇右道的中心移至秦州（治今甘肃天水）。但开元二年（714年）这里开始成为陇右节度使的驻在地。陇右节度使所管军事单位（军、守捉、城、镇、戍等）先后达20多个，驻在今青海境内的军人最多时达7.5万人。可以说，唐代，今乐都区曾是西北地区的政治、军事中心，自然也是重要的商业城市。由于当时社会相对安定，经济发展水平较高，开元、天宝时，"天下称富庶者无如陇右"，[①]包括今青海东部在内的河陇地区的富庶程度，一度赶上了全国经济最发达地区。经济的发展必然导致商业的繁盛、民间贸易的活跃。除鄯州所在的乐都是重要的商业城市外，廓州及各县驻在地也均有固定市场，民间贸易也是比较热闹的。加之唐朝与吐蕃商使往来的通道——唐蕃古道从青海境内通过，它也有利于这一地区商业的兴旺。1985年民和县柴沟乡桦林嘴村北古城农民在唐龙支县故城取土时，一次挖出古代钱30多公斤，计7000余枚，其中唐代"开元通宝"铜钱达7004枚。如此大量孔方兄的出土，对青海东部曾有过商业繁华的历史提供了重要物证。

唐后期，由于战争频发，民间贸易又趋冷落。

---

① 《资治通鉴》卷216"天宝十二载（753年）条"记载："是时中国盛强，自安远门西尽唐境万二千里，闾阎相望，桑麻翳野，天下称富庶者无如陇右。"

北宋初，河湟地区兴起唃厮啰政权，势力逐渐强大，其都城青唐城（今西宁）成为甘青一带吐蕃族政治、经济、文化中心。唃厮啰人善于经商，他们乘西夏阻遏河西道之机，采取积极措施吸引西域商人来青唐城做生意，同时取道青海与北宋交往。于是青海道继南北朝之后，再次复兴，在近百年间发挥着东西方交通主干道的作用。据宋代人记载，青唐城的东城是商业区，这里有许多商栈、铺面，有"于阗、回纥往来贾贩之人数百家居之"。青唐城一度成为中西商品云集、商人荟萃的一大商业中继站，境内各少数民族之间的日常贸易也较活跃。宋徽宗崇宁年间宋朝进占河湟地区后，在西宁州、乐州（治今民和县下川口）、廓州（治今化隆县群科）、积石军（治今贵德县河西镇）等地设置市易务（管贸易的机构），在民间广泛开展贸易。20世纪下半叶，青海东部陆续发现了不少宋、金、西夏的铜钱，其中以宋钱居多，主要有"天禧通宝""天圣元宝""明道元宝""熙宁元宝""崇宁重宝"等钱，证明宋、金、夏时期今青海地区与内地一样，市场流通，货币经济有一定发展。

元代国土面积大，内外贸易发达，商业繁荣。元代青海东部有许多色目人，其中回回人善于经商，民间贸易比较活跃。蒙古人最初使用辽、金钱币，建立元朝后曾废止铜钱,使用纸币。元代"中统元宝"交钞和"至元宝钞"通行全国,基本上达到了全国货币的统一。武宗时一度铸造铜钱。1955年柴达木盆地格尔木农场第一作业站平土造田时,发现用毛毡包裹的一大包元代纸币,共有400余张,包括元朝不同时期发行的多种纸币,上面盖有中书省、尚书省的朱红官印,钞面上印有汉文楷书"中统元宝交钞"或"至元通行宝钞"字样,也有八思巴文,面值有"壹贯""贰贯""伍佰文"3种,先后印行于元代中统、至元、至正时期。这批纸币系用桑皮纸印制而成,因柴达木气候干燥,保存得很完好。这批珍贵文物的出土,从一个侧面反映出当时青海地区商业贸易曾正常开展的历史事实。

二、加快发展时期——明至清后期

这个段落虽然将明代划进来,但其实明代青海地区民间贸易仍然处在很不发达的阶段,只不过与宋元相比,略有进展。古代青海地区民间贸易真正进入较快发展时期是在清代中期,即所谓"康乾盛世"及其以后。

市场有所增多

西宁地处农业和牧业两种经济类型毗连的中介地区，至少唐宋以来就是内地与边地贸易的区域性中心城镇。明洪武六年（1373年）改故元西宁州为西宁卫，领6个千户所，其中右千户所驻在碾伯，驻西宁城的是中、前、后、左、中左5个千户所，驻有军户五六千户。西宁卫城设有市场，供军士及其家属以及当地各族百姓进行日常贸易。据《明实录》记载，成化十年（1474年），巡抚甘肃右都御史朱英奏："西宁卫邻近边方，各处山口与西番密切相连，往年番人与我军民贸易时，彼此相安。但是近年边臣多派人将番人强制劫持或以某种利益引诱到军营，强行压低物价，以贱易贵，致使番族愤愤不平，甚至有的引刀自刎……请求朝廷降旨公布禁令，今后番人到境，止令都司委派官员带上人马和印鉴进行接引，使得双方能够平等交易，违反者全部发配充军。"①得

---

① 《明宪宗实录》卷131"成化十年七月辛未条"所记原话是："巡抚甘肃右都御史朱英奏：'陕西、甘肃、西宁附近边方，各处山口密迩西番，往年番人与我军民贸易，彼此相安。近年边臣多使人劫诱到营，折阅物价，以贱易贵，致使番族衔忿，甚至引刀自刎……乞降旨榜禁，自后番人到境，止令都司委官量带人马关防（即印鉴）接引，令两平交易，违者俱发充军。'"

到允准。从上面所引这段话可知，西宁卫城民间贸易的存在由来已久。

除了西宁卫城，有市易场所的还有碾伯千户所驻在地今乐都区碾伯镇。临时交易的地点有今贵德县河阴镇及各处城堡等。

到了清代，市场明显增多了。据《西宁府新志》记载，乾隆年间，西宁府城中出现了多处相对固定的专门市场。如西宁府所辖粮面市3处：城中粮面市在黉（hóng）学街，东关粮面上市在史家大店至柴家牌楼间，东关粮面下市在东梢门至西纳牌楼间。另有菜果市在西宁道衙西，骡马驴市在石坡街，柴草市在大什字，石煤市在大什字土地祠前，石炭市在驿街口等。西宁县所管缨毛市在祁家牌坊西，牛羊市在湟中牌楼东，硬柴市在北古城街，骡马驴市和柴草市都在小街口，石煤市在小街口东，石炭市在小街口西。可见，当时西宁城内市场实行府、县两级管理制，各有各的范围，各有各的责任，这样做有利于明确分工，强化职责，既方便收税、监管，也方便了居民交易。清中期形成的某些市场名称一直沿用到民国年间。

明末清初时，碾伯城"亦湟属之大镇焉"。西宁卫右千户所驻在这里，清代改卫为府时，这里是碾伯县所在地。据康熙《碾伯所志》记载，明末清初，这里已形成仅次于西宁的大集镇。康熙十二年（1673年）前，每旬逢一、五为集，这年五月以后，改为每旬三、六、九为集，每月共有9次集市。米、粮、菜、果则每日有集。分工较细的专市这时也形成了，如米粮市、菜果市在中街，柴草市、骡马市在东关，缨毛市、铺陈市在鼓楼十字街等。

清代前期，白塔儿、多巴曾由于与边关互市地点邻近而一度成为重要的商业集散地，以民族贸易兴盛闻名一时。白塔儿即今大通县老城关，因与洪水（今甘肃民乐县）互市口近，西域经河西走廊运往青海的商品有一部分分流到这里，所以商业一度兴旺，定居的人口渐多，白塔营和大通卫曾设在这里。

多巴市场兴起于清初，雍正六年（1728年）前后移至丹噶尔（今湟源县城关镇）。由于丹噶尔城"路通西藏，逼近青海"，更便于蒙古、藏族往来贸易。嘉庆、道光和咸丰三朝（1796—1860年），约64年，是丹噶尔民族贸易发展的鼎盛时期。据《丹噶尔厅志》记载，此时"蒙古、西番、藏番、玉树各商之货皆聚于丹邑，毫无他泄"。丹噶尔"商业特盛，青海西藏番货云集，内地各省客商辐辏，每年进口货价至百二十万之多"。所以，道光九年（1829年）在这里设厅，是"为理商也"。从筑城设市到因商聚邑到设厅管理，经过了整整100年。嘉道时期丹噶尔商业的兴盛程度远远超过了西宁，丹噶尔一度成为西北地区民族贸易的中心枢纽。这是因为当时西北地区畜牧业经济与农业经济交换的社会需求旺盛，同时与当时清政府一度放宽民族贸易禁令，消除人为的贸易壁垒，对前来贸易的蒙古、藏族实行免税等优惠政策有很大关系。当时丹噶尔城内有好几条大街，有东大街、仓厅街、西大街、隍庙街等，城内市场也逐渐分化为专市，有青盐市、柴草市、牛羊骡马市、羊毛市等。

贵德所也于乾隆年间出现集市，每旬以三、六为期，每月6集。并且粮食市、牛羊市、驴马市有了区分。此外，循化厅所在地、巴燕戎格厅所在地也开始出现小规模的集市。

商品较为丰富

明朝万历年间，西宁周围的藏族要求西宁卫官府允许他们与汉族军民做买卖，地方官认为："所谓买卖者，不过毡、裘、皮毛、牛羊之类易我之米面以度日糊口，汉人反得其利，似不可厉禁。"于是准于定期定物，在就近城堡易换。但要求他们"顶经发咒"，不能拿上茶叶米面与蒙古人交易，否则要断其买卖，革其茶马。因为当时西海蒙古与明朝处在敌对交战状态，官府把贸易当作控制蒙古族、藏族的政治手段。

清朝初年，西宁的商业很繁荣，交易的商品，以各类牲畜为主，据康熙年间成书的《秦边纪略》记载："城中之牝牡骊黄，伏枥常以万计，四方之至、四境之牧不与焉。"就是说，城中拴的各种颜色的雌雄牲畜数以万计，城外放牧的、正在往城中赶的还不算在内。此外，"羽毛齿革、珠玉布帛、茗（茶叶）烟豆麦之属，负提辇载，交错于道路"，因商品丰富，前来交易的人也很多，人来人往十分拥挤，以至可以用"举袂成云，挥汗成雨"来形容。清中期以后，专门市场形成，从市场的名称也可知商品种类的大概。

白塔儿市场交易的品种主要有：镔铁、金刚钻、球、琳、琅玕、琐幅（门窗的装饰物）、五花毯、撒黑刺（以上三种都是羊绒织品，产于撒马尔汗等西域）、阿魏（产于伊朗、印度等地的药材名）、哈剌、苦术、绿葡萄、琐琐葡萄、貂鼠皮、白狼皮、艾叶豹皮、猞猁狲（土豹）皮、元狐皮、鹿皮、牛羊皮等。多巴交易的商品也以西域奇货及各种名贵皮张为主。丹噶尔城交易的货物品种据《丹噶尔厅志》记载，多达 200 余种，其中 100 余种是从兰州、宁夏、西安等地运入的手工业产品，如洋布、大布、茯茶、缎、铁锅、细瓷器、纸张、大米、酒、铜器、佛金、中药材、鞋帽等，20余种为地方产品如藏马、牛、羊、羊毛、驼毛、皮张、鹿茸、麝香、青盐、鱼等。还有一些西藏及玉树产的货，如氆氇（手工羊毛织品）、藏香、红花、野牲皮、羔皮、蕨麻等。青海出产的加工品有挂面、清油、酩馏酒、木箱、水烟、皮绳、靴鞋、毛褐、口袋、毛毡、酥油、小刀、鞍镫、石灰、石煤、土药、哈达、青稞、柏木板等。

银钱并用

明及清前中期，青海境内民间贸易中，不同时期钞票（纸币）、铜钱、白银均使用过。明初规定以钞为主，钱、钞兼用，不准用白银。正统元年（1436年），明王朝宣布解除交易用白银的禁令。到万历年间，税收、俸饷大部分用白银，白银的法定货币地位得以确定，成为事实上的主币，纸钞则逐渐被排除出流通领域，铜钱作为辅币仍很流行。明代铸的制钱（本朝官方制造的铜钱）有"洪武通宝""永乐通宝""宣德通宝""嘉靖通宝"等，这些钱在青海均有较多发现。

清朝初期沿用明制，白银、铜钱并用，白银的法定第一主币地位更加巩固。交易中一般大数用银，小数用制钱，朝廷还规定了银1两折制钱1000文的法定比价。青海境内出土的清代制钱有"顺治通宝""康熙通宝"等。康熙六年（1667年），甘肃在巩昌府（在今甘肃陇西县）开局铸造制钱，正面为"康熙通宝"，背面有"巩"字的满文、汉文字体。这种制钱在青海曾广泛流通，后来停铸。青海由于地处偏僻，交通不便，新铸的制钱不易传进，也不易流通，而前代历朝铸造的旧钱却比较流行。所以这里货币的特点用《西宁府新志》的话说就是"用钱最杂"，贸易以银为主，旧钱、制钱同时流通。

明代民间贸易中物物交易仍占较大比重。当时的物价怎样，极少有记载。不过，《明实录》中有一些间接的记载可作参考。明宣德七年（1432年），朝廷对甘肃等卫布、绢、丝、绵与米的比价做了规定：每匹大棉布（约长40尺，宽2.2尺）值米6斗（仓斗，每斗约17斤），每匹小棉布（约长50尺、宽1尺）值米4斗；大绢1匹值米12斗，小绢1匹值米7斗；大三梭布1匹值米15斗，小三梭布1匹值米7斗。正统五年（1440年）规定，甘肃等处粮食丰收，官军俸米可以支银，银粮比价是每银1两折粮2石5斗（约合今412斤）。上述比价并不是一成不变的，无论物物交易还是货币交易,其价格都处在不断变动之中。

清朝后期丹噶尔市场的物价在志书有较为详尽的记载,但主要是清末的价格,与道光年间大致接近。这里主要举例如下:杂色粮,每市石(约合今600斤)值银五六两至十五六两不等(清末为1两),每头猪值银5两,中等藏马每匹值银10两,每头牛值银七八两至十余两不等,羊1.5两至2两多不等,羊毛两斤值银2钱,大羊皮每张3钱,牛皮每张1.5两,酥油每斤2钱,毛褐每匹3两,洋布每匹6两,大布每卷25两,茯茶每封(5斤)2两,铁锅每口1.5两,大米每市斗(约60斤)3两,石煤(大通煤)每百斤6钱,青稞每市斗6钱,麦面每市斗8钱。

商人队伍庞杂,市场扩展到寺院

明清时期,商人队伍逐步壮大。明代多次实行"招商中茶""招商中盐"政策,即号召商人将茶叶(或粮食)运到西宁等边卫,由官府发给茶引或盐引(运销凭证),商人凭引经销国家严格控制的茶、盐获利。受丰厚利润的吸引,不少内地商人落籍青海经商。明末清初,西北城镇普遍出现以地域乡土关系相联系的商人团体"商帮",其中陕西帮、山西帮势力较大。清初,青海本地籍的商人阶层也逐步成长起来。《秦边纪略》记载,西宁城东一带为商业集中区,"回回皆拥资为商贾";多巴市场上居家开铺专门从事贸易的是"黑番",即居住黑帐房的藏族;"出而贸易,则西宁习番语者也",即是说,流动从事贸易的,是懂藏语的汉、回、土等族商人;"驮载往来,则极西之回与夷也",是指从事长途贩运的,是西域商人和蒙古人;"居货为贾,则大通河、西海之部落也。司市持平则宰僧也",就是说:前来售卖土特产的,主要是青海湖地区和大通河流域的蒙古族人,所以在市场上司衡商品斤、两,防止买卖中欺诈行为、为买卖双方说合交易的是"宰僧"。宰僧一作"宰桑",是汉语"宰相"的音译,蒙古人称大头目为宰僧。市场上的宰僧大概兼有管理者和牙商的职能。总之,青海本土商人以回族为多,也有汉、藏、蒙古、撒拉、土等民族。商人队伍的构成已比较庞杂了。

明清时期青海境内寺院众多,无论藏传佛教寺院还是伊斯兰教清真寺,一般都兼营商业,尤以藏传佛教寺院较为普遍。清代,民间贸易很兴旺,寺院普遍把行商看成正当之事,并采取多种形式积极参与,尤其乾隆以后,清政府放宽贸易政策,寺院经商活动得到较大发展。市场伸向寺院，是青海民间贸易的一大特色。

寺院经商的形式有多种：一种是轮流挑选专门经商的管家，由他负责招股筹资，在寺院附近设店经营，利润全归寺院所有；一种是寺院分出部分资金，由寺院上层指派或经众人推选出善经商者，名曰"会首"，专门负责经商，所得盈利在寺院、头人、会首间按商定比例分成，但会首必须保证做到不亏本，万一亏了本，要将其家产全部没收用于补偿；一种是寺院普通成员每年抽出一定时间，从事小本经营，自己赶驮商贸，趁市赶集，或搭随商人贩运，自负盈亏。以上是寺院直接经商的几种形式，另外，寺院间接经商的也有，即寺院出资，指定商店或商人代理经营，利润分成；或发放商业贷款，收取较高的利息等。

寺院经商规模较大者，东部农业区首推塔尔寺，牧区以结古寺最为著名。这些寺院每年用于经商的资本（白银）数以万（两）计。玉树结古寺商队配有枪支、马匹，经常往来于西宁、拉萨、打箭炉（康定）等地，有时还去印度、尼泊尔经商，利润可观。

青海地处偏僻，尤其是牧业区。在这里，牧民逐水草而居，迁徙无定，又加语言障碍，世俗商贾的势力不容易到达，这就在客观上为寺院开展商业活动提供了方便。因为寺院是牧区不可多得的固定建筑点，又是部族的政治、经济、文化中心，于是这里逐渐成了贸易集市网点，寺院的法会日自然成了牧民的集市日。一遇法会，人来马往，商人会聚，百货堆积，环寺摊点，叫卖之声不绝于耳。玉树地区各寺院举办法会的时间从正月到十二月基本上各月都有，其目的之一是扩大民间贸易。黄河上游的拉加寺、河南蒙古亲王创建的拉卜楞寺等，都是重要的贸易场所。

三、日益兴盛阶段——清末民国时期

1840年，中国历史进入一个新的历史时期即近代时期。民国十八年（1929年），青海建省。近代以来尤其青海建省后，青海民间贸易发展速度更趋加快。

市场进一步扩增

近代青海城镇市场、农村市场、牧区市场均比以前有所扩大，各类市场尤其城镇市场的容量也有所增加。

先说城镇市场。清同治、光绪年间，西宁经历过两次战乱，受其影响，商业一度萧条、衰落。进入20世纪后逐渐恢复。这时西宁商业市场与乾隆时相比，格局没有太大变化，但规模变得更大，场面更加繁荣、热闹。近代以来，西宁的大商号集中于"道门街"（今东大街），尤以小什字（今湟光）到东门一带最为繁华，小什字到大什字次之。南大街、西大街、北大街有少量杂货铺和熟食摊，手工业店铺和饭馆多分布在东关、石坡街、大新街、饮马街、观门街等处。1933年，在大新街与饮马街之间的原贡院旧址上，设立了中山市场。该市场两侧是二层土木结构小楼，一楼为铺面，二楼设有茶肆或酒店雅座。市场内设有商铺、食品店、饭馆、熟食摊，还有戏院、妓院、说书摊、算命卜卦摊等。这里白天顾客络绎不绝，晚上10点以前仍然灯火通明，叫卖之声不绝，是西宁最早的也是唯一的一处夜市。1940年，将簧学街的粮食集市迁到了礼让街，后又在观门街北端和东关南梢门外各增设一处粮市。

丹噶尔（湟源县）市场在嘉庆、道光时期最为兴盛，后渐趋衰落。清末"洋行"来青海收购羊毛，以湟源为大本营，在它的带动下，当地商业又有起色。

1928年，湟源县城大中小商业及手工业从业者达千余户，资金总额在白银500万两以上，商业之盛又出现新的高峰。但第二年发生了马仲英部洗劫湟源事件，这里的居民有2000余人被杀，商民财产被抢劫一空，部分店铺被烧，湟源商业一落千丈，终民国之世，再也没有恢复到原来的水平。

结古的市场也有所发展，民国初年，定居的市民约有200余户，但商人多无铺面，有贸易就在商人家中进行。1937年，结古共有手工业者163户，997人；经营商业者59户，176人，铺面仍很简陋。

其他城镇市场还有：碾伯、贵德、循化、大通、同仁、门源、民和、湟中等县的县城。这些城镇的商户除贵德超过百户外，其余均不足百户。邻接牧区的集镇季节性强，旺季热闹，淡季冷落。

再说农村市场。农村集市贸易的网点比以前有所增多。近代以来，今湟中县的上五庄、祁连县的俄博、同仁县的保安、门源县的永安和皇城滩等处也曾有市场。1929—1930年，青海省政府在各县筹建集市90处，因条件不具备，多数不久又停用。1943年，又重新筹建了一批定期集市，主要的有：化隆县的甘都，西宁县的平戎驿（今平安）、后子河（今属大通县）、多巴（今属湟中县）、邦巴（今属湟中县上五庄乡），互助县的张其寨（今称张家寨，属平安区），乐都区的高庙、瞿昙，贵德县的康杨家（今属尖扎县）等。规定每10天开集3次，集市期内，附近30里以内资本在千元以上的商号必须移至集市居住营业，集市期以外，当地商人一律歇业，货郎、私贩也不得营业。此外，传统的庙会、花儿会、观经会等，仍是重要的民间贸易场合。

牧区仍然以大寺院为依托，进行季节性贸易活动。1944年以后，官办商号"德兴海"陆续在各县府所在地和重要居民点如共和县恰卜恰、郭仁多，兴海县大河坝、尕马羊曲，同德县拉加寺、什藏寺，都兰县香日德、希里沟、德令哈，海晏县三角城，果洛白玉寺，祁连八宝、俄博等处开设了分店，这些地方也逐步形成了固定市场。

上述市场中，城镇市场有固定店铺，可以做到每日开市。农村市场只有少量固定店铺，其主要形式是间歇性的集市。牧区固定店铺更少，集市间歇期更长，季节性特点比较明显。农村牧区商品流通的日常形式还是以走乡串户的行走营商为主。

分工趋于精细

与古代商业经营分工不细、不同类型的商品往往混杂经营不同，近代以来，青海城镇商业的行业划分越来越精细了，也就是说具有现代意义的商业行业分工开始出现并得到初步发展。这些变化主要是因为商品品种的增多引起的。

古代青海民间贸易的商品结构很简单。清中期以后，商品品种逐渐增多，近代以来这种趋势更为明显。本省的羊毛、羊肠、药材、粮食、木材、沙金等进入市场，外地输入的商品也逐渐向多样化发展，不断有新品种出现，不断有外国制造的"洋货"被引进。如19世纪末新出现的商品有人马弓斜布、九龙洋布、采石机德国缎、斜纹缎、卡机布等，还有其他日用针织品如洋袜子、毛巾、香皂、牙膏、香烟等。民国时期，天津、北平等地的产品和由天津进口的洋货在青海市场上占的比重不断增大，上海、浙江、江苏等地的丝绸、日用百货等运入量也逐年增加。

商品的日益丰富，商人经营范围的不断扩大，为商业的分工和专营提供了条件，随着时间的推移，出现行业的划分及分工越来越细的趋势。

清末民初的批发行业叫"过载行店"。早期的过载行店是批发兼零售的店铺，后主要从事长途囤购与批发。从事批发的坐商主要集中在西宁，较有名的山货过载行店有4家，它们是福盛店、庆泰店、洪顺店、义成店，主要经营的商品是大米、糯米、小米、纸张、瓷器、铜器、铁器、红白糖等。西宁最早的布匹过载行店有5家，它们是聚益店、福盛店、福兴店、德源店、永丰店，其主要的经营品种是绸、缎、布匹、茯茶及上等杂货。

批发商经营的商品，并不受固定范围的限制，遇到有利可图时就跨行业经营，囤积居奇是司空见惯的事。从事批发业占用资金多，只有资金雄厚的商号，才有能力经营批发业务。

零售商又分好多行业，主要有百货业、医药行业、蔬菜业、文具书店业、副食品业、茶叶业、粮面行业、五金业、典当业、杂货业等。

20世纪初西宁经营百货的大商号有十几家，多为外地客商所开。20世纪30年代前后，西宁经营百货的店铺已达200余家。到40年代，较大的百货、布匹业商号在官僚资本商店的排挤下减少到40余家，主要有：恒庆栈、晋和祥、福兴和、福丰和、庆盛西、福兴栈、天顺栈、敦庆公、瑞兴栈、裕丰昶、裕兴昌、三义合、自立永等。其中裕丰昶、裕兴昌是廖祥麟三兄弟所开,名气很大。湟源的德兴成、德义兴、忠信昌,湟中县的泰生店、万兴永,门源县的天泰恒等也是较有名气的大商号。

西宁最早的医药商店叫寿春堂,开业于清乾隆年间,尔后光绪、宣统年间开设的分别是复泰堂、太和福等药铺。民国以后陆续开设的药店有30余家。一般开业较早的药店、药铺都是经营中药的,民国年间经营西药的店铺逐渐增加。1939年,西宁共有国药(中药)店铺20家,新药(西药)店铺5家。到1949年,国药店铺增至29家,新药店铺增至11家。湟源、湟中、碾伯也有经营医药的店铺。

西宁地区把蔬菜当商品出售的现象在很早以前就出现了,但经营商品蔬菜成为一个独立行业却比较晚。清末民初,西宁地区出现了专门种植蔬菜并拿到市场上出售的专业户,主要集中于南园和北园,但所种植和经营的品种比较单调,主要是韭菜、羊角葱、菠菜、蔓菁、白菜、红白蛋蛋萝卜、胡萝卜、菜瓜、莴笋、蒜、大头菜、洋芋等。到冬天,无鲜菜经营,主要经营干菜、酱菜、粉条、豆芽等。20世纪40年代西宁地区的主要菜铺有薛家菜店、童家菜铺等五六家。此外,沿街叫卖的蔬菜小商贩不少。

青海第一家书店出现于何时目前还未考证清楚。

民国年间西宁的主要书店有西北书店、亚东书店、天兴成书店、新光印书馆等。这些书店主要从兰州、西安等地贩进一些书籍进行零售。由于专门经营书籍赢利不大，这些书店和书馆同时经营文具类商品和其他一些商品。

青海商业的五金业出现时间较晚，尤其电器、电料是西宁有电以后才有的新生事物，出现时间更晚（1941年以后）。1949年，西宁城区有五金商店5家，经营的品种不足200个，主要是用电器材、生铁制品、铜制品、铁皮制品以及合页、元钉等，主要店铺是耀青电料行、鑫记五金店、广德五金店等。

青海商业的副食品行业大约形成于19世纪和20世纪交替之际，那时市场上出现了专门卖洋糖、洋烟的商店。此后，随着食品业的发展，陆续出现了一批专门出售糕点、肉食品以及烟酒糖类的店铺。到1949年，仅西宁市这类店铺就达50余家。主要有：恒聚成商号、荣聚兴海菜食品店、万盛马食品店、文盛玉食品店、陈家肉食店、康家肉食店等等。当时"万盛马"清真糕点十分有名，产品行销省内外，主营的糕点品种有水晶饼、白皮月饼、沙琪玛、八里酥、到口酥、油麻花、芙蓉糕等。

青海茶叶市场大，近代以来经销茶叶的商店较多。1937—1945年间，仅西宁城区经营茶叶的商号就达100多家，大部分百货店铺都经营茶叶，主要的商号有：恒庆成、天昌正、德盛奎、文兴源、大益号、合同公等。

另外，西宁地区从事杂货业的店铺也比较多，主要分散在小巷之内，均是20世纪20年代先后开业的。经营的商品主要是日用小百货、小五金、瓷器、土碱、迷信用品等。

各类零售商在经营上讲求勤进快销，不断改善服务态度，进货时选上好商品，交易中不缺斤短尺，"童叟无欺"，注意树立好的信誉。但也有以次充好，在尺、秤上坑蒙顾客的不良行为。

小商小贩多

近代青海私营商业中不乏拥资百万以上的大商巨贾，他们以陕山商人为多见，也有本地籍的。但商人中人数最多的一个阶层是小商小贩。小商小贩中一半以上是回族。据青海省政协工商联委员会20世纪50年代的调查，1949年，西宁地区小商贩户数约占从事商业总户数的95%，从业人员约占商业总人数的77%。农村小商小贩的比例高于城市。小商小贩与民间贸易关系最为密切。

小商小贩的经营形式分固定与流动两类。固定经营的或在小店铺营业，或在露天摆摊营业；流动商贩没有固定营业点，到处游走，被人称为行商或"货郎"，他们送货下乡，走乡串户。这两类小商小贩城乡都有。城市在热闹区域有固定小商铺或摊位的，大都专营一类或两三类商品，如烟酒、熟食、杂货、粉醋之类；设在僻背小巷的，经营范围较广，举凡油盐酱醋、糖果糕点、火柴肥皂、文具纸张之类日常生活必需品，均有经营。农村小商店多设在集市或大村庄，经营品种除日常用品外，还有农具等生产工具。流动商贩挑着货担，或专门串街，或专门串乡，或城乡都游，走到哪里就在哪里营业。货郎所带商品多为妇女用的小百货，如针、线、头绳、料珠、染料之类。也有专卖食盐、烟叶等一类货物的。

小商小贩的经营范围广，针对性强，凡群众日常生活、生产需要的，几乎无所不包。民国时期为了扶持集市，规定除集市日期外，禁止货郎私贩营业，但农村交通不便，居住分散，进行流动贸易的货郎担始终未能禁止掉，相反，县城、集镇坐商也常下乡销售，与流动经营的小商小贩共同构成农村商品流通的主渠道。流动售货的小商小贩既销售，又收购，他们带的货可以用现金购买,也可以用粮食、鸡蛋、猪鬃、头发、零星皮毛等换购,熟识的人还可以赊欠。他们的灵活贸易方式,既可在一定程度上满足偏僻地区各族群众生产生活的需要,又能使零星分散的农副产品集中起来,运往城市。

用钱最杂

近代"青海用钱最杂"的特点依然存在。先后在市场上流通的货币达13种之多,这些货币有的是主币,有的是辅币,有的流通时间长,有的如昙花一现很快就销声匿迹了。由于货币制度紊乱多变,造成物价不稳,有时物价上涨的幅度达到惊人的地步。

清朝末年,银两、制钱继续流通。随着出入口商品的增加,银两的使用更加广泛,无论流通范围还是流通量都超过了以前。青海流通的银两形制有银锭(大锭重50两,小锭重5两)、锞子(重5两)、铢子(重1两)及小块碎银。但随着商业贸易的进一步发展,银两作为计价、支付手段,其携带不便、成色不齐、折算烦琐等缺点逐渐暴露出来。清光绪十年(1884年),开始出现"拨兑银"方式,这实际上是一种票据结算办法,接近于现代银行结算的方式,但提取现银不加限制。假设张先生是兰州商人,王先生是西宁商人,兰州张先生欠西宁王先生的银两,但张先生在西宁李先生处存有银两(或李欠张货款),那么张先生可以开出票据给王先生,王先生拿上此票据找到李先生,就可以提取银两或货物了。使用这种方式,大宗交易双方不用付现银,通过出票划拨或账面划拨,就可达到结算的目的。拨兑银办法的通行,减少了现银交易的次数和数量,同时也在一定程度上避免了现银运来运去的风险和交割时称量、验成色的麻烦。但随着内外贸易的发展,货币需求量不断增大,加之有的富人尤其是农村土财主嗜好窖藏银两,造成市场白银流量逐年减少,拨兑银提现出现困难。不过,这时银元日益流行,终于取代银两而成为主币。

清末民初,银元从外省流入青海,进入市场。较早的银元是光绪后期(1898年前后)机器制造的,重7钱2分,因钱背都有龙的图案,所以俗称"龙洋"。1915年以后传入的银元正面是袁世凯的侧面头像,背面中央为"壹圆"二字,下衬嘉禾。俗称这种银元为"袁大头""袁头币"。这种新币制作精良,质量均一,无论哪种银元,其形制、成色、重量都比银两固定,在市场上使用不必称重、验色、折算,交易双方均感方便,因此很快被群众接受,在各地市场广泛流行起来。

由于从外省流入的银元毕竟不够用,青海建省后,为了解决货币短缺问题,青海省政府于1931年发行了省钞——"青海省金库维持券"(简称维持券)。此券投入市场后,一开始信誉尚可,购买力与银元相同。但三四年后,地方统治者肆意滥发,以致发生通货膨胀,商号纷纷拒用。1935年10月青海省政府以发现假币为托词,登报声明要用现洋将维持券全部收回,但只收兑了五六天,又宣布停止收兑,于是维持券成为废纸。市场流通的货币仍以银元为主币,铜元、制钱为辅币。

1933年3月,国民政府颁布了"废两改元"的法令,禁止商业支付中继续使用银两,规定今后继续用银元结算。此后,流入青海新铸银元正面是孙中山先生侧面像,背面为两艘帆船图案。这种银元俗称为"船洋"。毗邻西藏的玉树等地还曾流通过四川制造的藏元(又叫川洋、藏洋)。这种藏元正面是光绪皇帝半身像,含银量约90%。1930年后马麟任甘肃全省保安司令等职时,在兰州让甘肃造币厂为青海铸造了一批藏元,正面是宣统皇帝半身像,背面也有"四川省造"字样,但含银量只有50%左右,成色极差。这种藏元同样曾在青海主要的藏族聚居区流通过。

但是,实行"废两改元"不久,国际市场上白银价格上涨,使银元的铸造发行遇到困难。1935年11月,国民政府决定推行"法币"制度,规定从11月4日起,以中央、中国、交通三银行(次年又增加中国农业银行)发行的钞票为法币,旧有其他纸币分期收回,停止使用。民间所有银元、铜元、制钱等一律以法币兑收,停止使用。这年年底,青海省政府将国民政府财政部公布的《法币政策实施办法》布告各界民众,要求切实遵行。从此,法币在青海东部农业区流通并成为主要货币。但是牧区仍以银元为主币,不使用法币。1940年9月以后,在青各银行发行的纸币上加印了藏文,法币才开始流入青海牧区。但法币在牧区一直没有取代银元的主币地位。

铜元是民国初年以来青海民间贸易中一直充当辅币的币种之一。铜元和制钱都是铜铸的货币,二者的区别在于制钱有传统的中开方孔,铜元则如同银元一样,是不开孔的。铜元的铸造是由于制钱的暂时缺乏,也是作为制钱的替代物而被人们接受的。铜元铸造始于光绪二十六年(1900年),首先铸于广东,随后各省纷纷仿效。少数铜元与银元联系密切,标明每百枚可兑银元一元;多数铜元与制钱相联系,标明相当于制钱若干,如"当制钱五文""当制钱十文""当制钱二十文"等。清朝各省造的铜元大体正面都有"光绪元宝"或"宣统元宝"四字，直隶户部造币总厂所铸的则正面为"大清铜币"四字。无论是各省所铸还是造币总厂所造，钱背都是蟠龙图案。

青海市面上最初流行的主要是10文铜元（即当十铜元），俗称"单板铜元"。青海省政府发行纸币后，规定以当二十铜元作为辅币，俗称"大板铜元"，并大量收集民间制钱及各种型号的铜元（有当十、当五十、当一百等），运到兰州改铸大板铜元投放市场。为防止质量参差不齐的外省铜元流入青海，省政府令平市官银钱局在省内发行的铜元上加砸"TS"印记，以与外省流入的铜元相区别，并规定无TS印记的铜元不准在市场上流通。后铜元几次遭受贬值的命运，也曾被明令禁止流通，但事实上，铜元和银元一样一直禁而不止，尤其在农村牧区，一直流通到中华人民共和国成立前后，才与银元、方孔圆钱等旧币一起完全退出流通领域。青海使用的铜元中最多的是当二十铜元。

近代青海曾流通过的货币还有清末以来甘肃官银钱局陆续印发的钱票、各种银票，如"龙票"（因票面印有龙形图案）、"七一票洋"（因这种银票1元能兑换兰平钱7钱1分，故有此名）、大洋券、铜元券等。

近代青海市场物价总体上处于上升趋势，有一个时期由于政治、经济等复杂原因，物价恶性飞涨，达到世所罕见的程度。

据民国年间写成的《湟源风土调查录》记载，清光绪年间，湟源市场的小麦每市石值银10两上下，斜布每板（10丈）值银5两上下；到民国初年，小麦每石值银涨到20多两，斜布每板值银涨到7~8两；到民国15年（1926年），小麦每石值银涨到40两，斜布每板值银涨到9.8两。其他日常用品的价格也都比10年前上涨数倍，个别的有上涨10倍者。

法币作为主币以后的头一二年物价较为稳定，再后三四年，物价上涨的幅度有10数倍至一二十倍者，人们尚可容忍。据青海省商会调查，1939年小麦每市斗为0.58元，3年后即1942年涨到60元；清油每市斤由1939年的0.28元，涨到1942年的4元；猪肉由每斤0.35元涨到2.5元；大米由每市斗4元涨到100元；粗布由每尺0.15元涨到3.20元，斜布由每尺0.43元涨到12元。1943年以后，物价上涨就不是每年翻一两番的问题了。据青海档案馆所藏1942—1948年的《物价周报》，每担猪肉1942年1月值法币450元，到1948年1月涨至440万元，6年间上涨了9777倍；晴雨牌士林布1942年1月每匹（长5丈，宽1尺）卖2400元，到1948年1月卖500万元，6年上涨了2083倍；土制肥皂每100块1942年1月卖1150元，到1948年1月卖到480万元，6年间涨了4174倍。

抗日战争期间，国土沦陷，国民政府依赖发行纸币增加军政费用，日本投降前，法币发行额达到抗战之初的360倍。解放战争时期，随着国民党军事的失败和经济的破产，财政金融危机愈演愈烈，蒋介石政府采取加大法币发行量这种饮鸩止渴的办法挽救危机，法币发行量达到抗战前夕的47万倍，而全国平均物价较战前上涨了3492万倍，法币信誉彻底败坏。青海同全国一样，深受物价恶性飞涨之害。国民政府推行法币时，曾三令五申禁止银元流通，但事实上银元禁而不止，它作为法币的辅币一直在流通。法币超常规贬值后，渐被群众拒用，银元又被官方承认为合法货币，并且在事实上发挥着主币作用。南京政府于1948年8月又实行了一次用金圆券代替法币的币制改革。中央银行西宁分行于8月23日开始发行金圆券，并以金圆券收兑法币、黄金、白银、银元等货币，规定以法币300万元兑换金圆券1元。但金圆券贬值速度比法币更快。1949年4月20

日，西宁市的银元与金圆券的比价，上午9点每银元1元可兑金圆券12万元，10点半即涨至15万元，到下午5点前后则涨至24万元。4月23日，上午1元银元合金圆券70万元，下午已无行市。第二天银元1元合金圆券150万元。金圆券发行后，仅10个月时间就贬值2.5亿倍，形同废纸，青海农村有的老百姓用金圆券裱糊墙壁。从1949年5月起，青海省境已无人收受金圆券，城乡市场均以银元为主计价。据有人统计，从1937年到1949年9月，12年间西宁地区物价上涨了13.7亿倍，真是骇人听闻。

近代青海物价除了不稳定，曾有过超级飞涨的经历外，还有个特点是地区差价大，这主要是由于交通不便、运输线长造成的。如1942年11月，从兰州及其以东运来的细斜布每尺在乐都卖19元，在湟源则卖22元；棉花每斤在乐都卖20元，在湟源卖30元；白糖每斤乐都25元，湟源30元；而产于青海茶卡等盐湖的青盐每斤在湟源卖12元，在乐都则卖到17元。农业区与牧业区的地区差价更大，100斤小麦在同仁县的售价大约是在化隆售价的4倍。

牧业区商品交易以物物交换为主，商人常用1口铁锅换1头牛，1个绘有龙的图案的瓷碗换十几斤羊毛，1包仁丹换1张羊皮，等等。

近代青海农村贸易中赊销方式比较多见。一般是粮食收割前，商人带上各种农具和生活日用品下乡，向暂时拿不出钱又急需购物的人赊销。赊销的对象一般是熟识的有偿还能力的人，不认识的人要赊欠则需有人作保。秋后商人来收账，农民一般拿粮食、油料顶账。还不上粮食的，拿土地抵顶，有些商号在农村拥有田产，多数是"收账"得来的。

对外贸易与军阀所办商业

一、近代的洋行与对外贸易

西宁毛扬名海外,洋商人纷至沓来

青海的对外贸易开始于什么时候?这是个不好确切回答的问题。青海作为丝绸之路南道的经过地已有很久的历史,来往于这条道路上的商人将一两件青海产的商品带到外国,外国的一两件商品携至青海,这样的事恐怕在秦汉时期甚至更早就已经有了。南北朝时期、北宋时期,吐谷浑人、唃厮啰人曾先后分别抓住机遇,实行开放重商的政策,使丝绸之路青海道兴盛一时,青海的对外贸易曾一度出现过比较好的局面。但那时的对外贸易充其量是西域商品流入青海的比往常多些而已,青海的产品输出到国外的可能并不多。较大规模地将青海地方特产输入国际市场,刺激青海经济发展的真正意义上的对外贸易是近代才有的事,它以"洋行"的出现为标志。

"洋行"是鸦片战争后外国商人在不平等条约的庇护下,利用特殊地位在中国设立的商务行号,相当于外商公司或洋人贸易行。鸦片战争后,中国一步步沦为半殖民地国家,中国的经济日益受到西方资本主义国家的控制,成为世界资本主义的商品倾销地和原料产地。青海地区尽管地处边远落后地区,也不能例外。洋行在中国出现始于18世纪后期,到了19世纪后期,这100多年的发展史清楚地反映了资本主义国家对中国进行经济掠夺的历史。这种经济掠夺逐步从沿海各通商口岸向内地扩展。19世纪中叶,外国商人已开始通过北京、天津商人收购青海的羊毛,运到国外销售获利。当时也有青海本土的一些商人将青海羊毛用骆驼经陆路东运,或用皮筏沿黄河水路东运,经内蒙古河套地区、河北张家口运往天津,直接卖给英、俄、德等国商人在天津开设的洋行的。经过二三十年的购销,国际市场对青海羊毛的反应很好,质优价廉的"西宁毛"享誉全球,受到许多国家消费者的欢迎。随着青海羊毛在国际市场上行情的看好,外国商人纷纷涌向青海,直接收购羊毛。

最先在西宁开设洋行、抢滩羊毛市场的是天津的英商"新泰兴"洋行。该行于光绪十八年（1892年）率先在西宁设立分行，收购羊毛、羊绒、羔皮等畜产品，并通过清朝设在这里的地方政府——西宁府行文各县、厅，通知各厘局（税收机关）和关卡，遇有该洋行人员通过，要一律放行，不得阻难。光绪二十四年（1898年），英籍教士僖德生（或译作僖德斯）夫妇在循化厅保安堡收购羊毛，因强行压价收购，被当地藏族群众驱逐出堡。光绪二十六年（1900年）后，国际市场上"西宁毛"更加吃香，于是，外国商人或外商委托的代理商在青海各皮毛集散地设立洋行的越来越多。截至民国初年，除西宁外，湟源、循化、贵德、门源、上五庄、鲁沙尔、隆务、永安、白塔等地也有了洋行，最多时全省达到近30家洋行。其中西宁的洋行有英商仁记（一作仁吉）、新泰兴（一作新泰）,美商瑞记（或作瑞吉）、聚立（或作居里）、平和、礼和（或作怡和）等名号，集中在观门街、石坡街一带。湟源有英商新泰兴、仁吉,美商平和、怡和、居里、天长仁、瑞吉，俄商美最新（或作最美时）、瓦利、华北洋行。循化的洋行有兴泰（或作新泰、新泰兴）、仁记、平和、瑞记、高林。上五庄的洋行有兴泰、仁记、高林、隆毛。贵德的洋行有仁记、聚立、新泰等名号。上述洋行名称大多系中华人民共和国建立后调查所得,所以各地洋行名称有的发音同而写法却不同,或许有讹误。

近代青海境内的各洋行一般没有固定铺面,只是挂个临时招牌,每年农历三月、七月皮毛收购旺季,忙乎一阵,旺季一过便离开青海。个别的也有常年驻守青海进行收购的。

洋行以收购羊毛为主,同时收购羔皮、胎皮、大黄等土特产品,有的兼营木材。收购的方式多见的有两种:一是向歇家(清前期以来就有的民族民间贸易中间商)收购;二是预付部分货款,委托当地商人用粮食、布匹、茶叶等实物到牧区换购。每年收购旺季,洋行要雇不少人承担运输、拣毛、晒毛、打包等杂活。

洋行先后撤返,外贸仍在继续

洋行纷纷拥入青海,大量收购羊毛,使青海羊毛的外销量逐年增多。清宣统二年(1910年)前后,仅丹噶尔(湟源)市场羊毛的购销量就达到100多万斤,毛价由每百斤值银2两左右一度上涨至30两。随着洋行、洋商的增多,流入青海市场的洋货也与日俱增,主要洋货品种有:洋火(火柴)、洋油(煤油)、洋布(细布)、洋纸(有光纸)、洋糖(水果糖)、洋烟(香烟)等。西宁、湟源、循化等城镇有许多出售洋货的商店。许多商人既替洋行收购羊毛,又开店出售洋货。

光绪二十六年(1900年)至民国九年(1920年)是洋行的鼎盛期。当时西宁、湟源、循化等地的外贸市场主要控制在外国资本洋行手中,他们凭借外国人享受的特权,在中国官府的庇护下,操纵羊毛价格,垄断羊毛市场,大量倾销洋货,进而几乎垄断了青海的输出输入贸易。洋行"皆购有海关子票,内地税局不能过问,但验票而已"。洋行在商业领域的嚣张气势,使原来的民族商业资本受到压制,当地山陕帮商人气不过,曾经与洋行展开过斗争。如马麒出任甘边宁海镇守使期间(1915—1926年)的某一年,山陕帮征得马麒的同意,由大德隆商号出面,为首者坐上马麒的官轿,带上宁海军队伍,在湟源大张旗鼓地收购羊毛,以与洋行抗衡。山陕商帮的行为引起诸洋行的不满,双方矛盾尖锐,均向甘肃督军上诉。当时甘肃当局既不敢惹洋人,又不能不管民族商业资本的死活,于是判决准予天津帮(洋行)收购羊毛的70%,山陕帮收购羊毛30%。但天津帮原来收购羊毛时用的不纳税的海关联单,自此无效,规定改为四联单,在西宁同山陕帮一样,也缴纳皮毛税,这样,洋人的势力多少受到一些遏制。

1914—1917年间,即第一次世界大战期间,各主要帝国主义国家忙于内战,无暇东顾,西宁、丹噶尔等地的羊毛市场一度出现冷淡局面。

第一次世界大战结束后,资本主义国家的经济开始复兴,国际市场上羊毛的行情重新看好。1918—1927青海羊毛价格一直稳定在每100斤值银15～16两左右,运到天津的费用大约三四两,纳税约需3～5钱,合计成本约20两,而天津的售价经常保持在40两左右,利润几乎100%。由于贩运羊毛利润大,青海本地官商私号和北京、天津、山西、四川等地的商帮也都趋之若鹜,争先恐后地收购羊毛外运。当时青海经营羊毛贸易的,除了马氏军阀的官僚资本商号德义恒、德顺昌外,还有几十家规模较大的商号如福兴连、忠义昌、德兴成、瑞凝霞、世诚当、日新昇等,它们将羊毛直接运往天津,卖给外国洋行。1925年,湟源商人朱绣一次筹资白银数万两,收购羊毛2万余斤,用皮筏沿黄河运至包头,再雇牲畜驮运至平地泉,经火车运至天津,售给外商,获得巨额利润。1924年青海全省出口羊毛约750万斤。1925年和1926年均约700万斤,1927年又达750万斤。此后，由于帝国主义国家出现程度不同的经济危机，国际市场上羊毛价格低落，青海羊毛外销量逐年递减。又由于各地商人一窝蜂争相收购青海羊毛，设在青海的各家洋行渐失垄断地位，他们在天津收购反强于在青海收购，那样不但可以省去收购、运输的麻烦，还可免去运途中的风险。因此，外商设在青海的洋行开始先后撤离青海。

洋行撤离后，青海地区的羊毛生意并没有立即中止，羊毛外销仍在继续进行。1929年青海建省后，随着马步芳家族对青海统治权的巩固，羊毛贸易逐渐由马氏家族官僚资本所垄断。1938年，国民政府颁布抗日战争期间防止重要物资资敌的管制法令后，马步芳宣布对青海羊毛、皮张、药材、羊肠等实行统购统销办法，直到1949年。

二、地方军阀兴办的官僚资本商业

民国年间，马麒（1869—1931年）、马麟（1874—1945年）、马步芳（1903—1975年）相继对青海实施军阀统治近40年。马麒是马麟胞兄、马步芳之父，出生于甘肃临夏，回族，清末任过循化营参将、洮岷协副将。民国元年（1912年）任西宁镇总兵，次年兼蒙番宣慰使。1915年废总兵，改任甘边宁海镇守使，仍兼蒙番宣慰使。青海建省后曾代理省主席。马麒去世后，马麟出任青海省政府主席。1936年马步芳取代其叔父马麟代理省主席，1938年正式出任，同时任青海最高军事长官，还掌握了国民党青海党部的领导权，将青海省党政军大权集于一身。马氏家族统治青海期间，凭借军事、政治权力，建立和发展起实力雄厚的官僚资本，借以筹集军政费用，获取供他们任意挥霍的财富。马氏官僚资本主要是靠经营商业积累起来的。官僚资本商业最大的特点是在经营手段上军、政、商三位一体，在所有权上公（青海省政府）私（马氏家族）不分，往往以公的名义出现，最终却化公为私。

从"德顺昌""义源祥"起步

清宣统二年（1910年）前后，以副将衔出任循化营参将的马麒，为了筹措更多的经费，决定委派亲信在家乡甘肃临夏和他任官的青海循化等地开设铺店经商。当时稍有规模的店铺都有自己的商号，马麒便取原籍老家的中堂（客厅正墙上排的大字）"公德堂"中的"德"字，给开设在各地的商铺分别取了如下名号："德顺昌""德义恒""德源永""德盛厚"等。这些商号主要在青海、甘肃南部等地收购土特产，运往天津等地换购枪支、弹药等军需品以及百货、布匹等商品。随着马麒在青海军政权力的扩大，德顺昌商号随迁至西宁，由甘边宁海镇守使署总务处长任总经理，经销大宗羊毛、皮张、茶叶、百货等，使商业进一步与军事、政治结合在一起，互相促进，初步形成了官僚资本的雏形。1930年，马麒将德顺昌改名德兴店，交给他的第三子马步瀛（人称"三阎王"）挂名经营。

马麒次子马步芳1920年任宁海军第一营营长时，驻防化隆。当时化隆有个较大的商号叫"义源祥"，是马步芳表兄马禄（字祥臣）开设的，由于人熟，马步芳常在该商号办理存款汇款业务，并委托该商号为他的部队采购军用品。在马步芳的支持下，义源祥商号生意红火。为求长期稳定发展，在马禄的要求下，马步芳向义源祥商号投资3万银元，算是与马禄合伙经营。1929年冬，马步芳率部移驻西宁，升任整编第九军暂编第一师师长兼省会城防司令部司令，义源祥号随迁西宁，马步芳将马禄股金退出，义源祥变成他独资经营的商号。随着业务的发展和资本的扩张，马步芳陆续在湟源、湟中、化隆、贵德、同仁、大通、互助、门源、循化、乐都等地开设义源祥分号，还在包头、天津设立办事机构，委派驻庄人员。义源祥商号的主要业务是购运羊毛、皮张、沙金、药材等至天津，换购军火，同时进口布匹等商品。当时青海羊毛虽然仍自由经营，但马氏官僚所办商业凭借军政特权，已将大半垄断过去。著名的《大公报》记者范长江在1935年写成的《中国的西北角》一书中这样记述："马步芳乃利用其政治力量，从事羊毛贸易之独占，他把蒙藏族族地区对他应缴的租税，折为羊毛，这批羊毛收入，就有可观的数量。其次他在几处产毛的地方，独占式的收买，一般私人当然不能和他竞争，运输时他有军用的车辆及骆驼，可以不出运费，出口时可以免去青海境内一切的税捐。因此他的羊毛到了天津之后，无论市价如何低落，普通商人亏本不堪者，他仍然有钱可赚。其次关于青海土产之鹿茸、麝香、狐皮等，乃至河西（甘肃西路）之鸦片，往往亦在经营之中。成本低，运费与税捐都比旁人少，这样的贸易，自然是不会不兴盛的。"

马步芳在经营义源祥商号的同时，还在甘肃临夏开设了新兴号、天兴德、庞家店、源来店、德昌号、喇家店等商号，主要从事鸦片生意，使军阀兴办的商业日益得到发展。

"协和商栈"与"德兴海"

马麟接替马麒继任青海省代主席后，于1932年在西宁开设了协和商栈。该商栈总栈设在西宁周家泉，主要经营皮毛、药材等土特产的购销。总栈直辖的单位有：毛顺工厂、皮张仓库、羊毛仓库、皮张作坊、青海羊肠公司、水夫（放筏工人）队。下设的分栈有：湟源兴海、循化统盛、贵德生成、同仁兴隆、同德协永、上五庄（在湟中县）济成、鲁沙尔（在湟中县）集成、什藏寺（在同德县）益成，以及设在乐都、民和、大通、互助、化隆、八宝（在祁连县）、贵德等地的协和分栈，此外还在兰州、成都、松潘等地设有分栈。兰州分栈负责向国民政府财政部贸易委员会所属复兴商业公司西北分公司交售羊毛，运销苏联等国。成都分栈负责办理青海南部皮毛、药材等的外销业务。抗日战争爆发后的1938年，国民政府颁布抗战期间防止重要物资资敌的法令，马步芳便宣布，对羊毛和各种皮张、药材由省政府统购统销，协和商栈收归省政府秘书处领导，于是，由省政府秘书长兼任协和商栈总经理。此后，各种统制物资由协和商栈收购，收购价格由协和商栈确定。从此，协和商栈实际上由马步芳控制，其他商号不敢也无力经营皮毛生意了。协和商栈每年向农牧民派购或强制预购皮毛、鹿茸、麝香、虫草、大黄、知母、贝母等，价款则以粮茶百货等抵顶，很少给予现金。

1939年，马步芳将义源祥商号改名为德兴海商号，并进一步扩大经营。德兴海总店设在西宁东关大街，总经理由省财政厅厅长兼任，主营商品有布匹、百货、茶叶、粮食、食油、食盐、沙金、木材等。义源祥原有的分号均成为德兴海的分号，此外又在民和上川口、马营，湟中上五庄，大通桥头，循化白庄，共和恰卜恰，兴海大河坝、尕马羊曲，同德拉加寺、什藏寺，都兰香日德、察汗乌苏、希里沟、德令哈，玉树结古，祁连八宝、俄博等地增设分号，还先后在兰州、西安、湖北老河口、汉口，上海、天津以及四川松潘、甘孜等地设立办事处。其中松潘办事处主要负责用青海土特产换取川茶及民族用品，甘孜办事处主要负责向川西北推销玉树、果洛地区产的食盐，兰州东方木厂主要负责销售青海的木材。同年8月，青海省政府组建"青海商务队"，配备牦牛1000头，往来西宁、拉萨之间，以青海的土特产品互助酒、湟源醋、循化花椒等以及银元换取美国、印度和西藏的布匹、百货。1940年，经与西藏方面协商，青海省政府在西宁成立青藏商务联合办事处，并先后派省田赋粮食管理处副处长陈彦和马建光往来于拉萨和印度的加尔各答之间，直接在国外市场购销多种商品。

协和商栈和德兴海在省内外广设分支机构，建立起遍布省内外的官僚资本商业网络，二者在经营业务上各有偏重，既有分工，又互相补充，从而垄断了青海进出口和出入省境的商业贸易。

改组后的协和商栈、德兴海均披上政府办商业的外衣，除经商外，协和商栈兼管全省草头税（即牧业税，后改称"建设费"）的征收，德兴海兼营课金（采金者交纳的矿产税）征收和金账贷放业务。两大商号还代政府征收其他多种税捐。协和商栈和德兴海既然名义上是青海省政府开办的，那么省主席马步芳理所当然就是"东翁""东家""大掌柜子"，其各分支机构的经理多由各县县长、专员公署商务所长或各地驻军军官兼任。各县德兴海经理多兼任税务局长，他们有权在各要道设置税卡，向过往民营商贩征收税捐。青海省政府规定，凡要去牧业区从事贸易的商户，必须先到德兴海商号申领许可证，如无证交易，就要按违章进行责罚。

协和商栈和德兴海凭借官方名义和许多特权发展商业，使马家官僚资本得到急剧增长。据统计，1936年青海全省商品出入境总额为2028万元，到1940年，增至5000多万元，增加了一倍多。与协和商栈、德兴海蒸蒸日上的发展势头形成鲜明对照的是，许多民营企业经营艰难，濒临破产。当时西宁市经营皮毛、沙金实力较雄厚的泰源涌、世诚和、德合生、德兴旺四大商号，在官僚资本商业的排挤、压制下，走投无路，相继倒闭。一般小商铺在官商兼并、打击下，日子更不好过。

巅峰状态：湟中实业有限公司

1946年，青海军阀马步芳的主要头衔有：国民党中央执行委员、国民党青海省党部执行委员会主任委员、青海省政府主席、国民党第四十集团军总司令等。随着马步芳党政军权力的巩固和地位的上升，马家官僚资本也迈上了一个新台阶。这年2月，马步芳将协和商栈、德兴海商号以及原分散经营的工厂、矿山、盐场、伐木场、牧场等官僚资本企业合并起来，成立了湟中实业有限公司（原定名称是无限公司，报国民政府工商部立案时，改为有限公司），简称湟中实业公司，对外保留协和商栈名义。据当时《湟中实业无限公司规程汇编》记载，该公司成立时"资本总额定为国币（即法币）一万万元，以贴水800元，合硬币（即银元）一十二万五千元"，公司董事长是马步芳，董事共26人，大多数是马步芳家族重要成员或马步芳信任的军政界权贵人物。如马继援是国民党陆军第八十二军军长、马步芳之子，马元海是省参议会参议长、马步芳表兄，马步銮是第八十二军副军长、马步芳堂弟，马骥是省政府秘书长，冶成荣是省财政厅厅长兼田赋粮食管理处处长，韩起功是省保安处处长等。湟中实业公司的总公司设在西宁东关大街（今湟光什字东北角商业银行处），总经理是冶成荣，公司之下设商务、工矿、林牧三个部及湟中实业银行（又叫青海实业银行）。

商务部的基层组织是原协和商栈、德兴海设在省内外的70多处分支机构，这些机构的名称没有变。此外，又增设了包头、宁夏两个办事处，康定、邓柯两个支号，泾阳、安化两个茶庄，郑州、汉口、老河口三个转运站及上海海虹商栈，还有设在印度加尔各答的经理处等。

1948年8月，湟中实业公司对所属机构作了调整，将原来的各部改设为子公司，如原工矿部改为西北工矿公司，办公地点移至西宁小桥街；原林牧部中林业部分划给工矿公司，牧业部分改组为西北畜牧公司，办公地点移至东关大教场；原商务部名称取消，直称湟中实业公司，留在原地办公；湟中实业银行不变。在此前后又相继成立了下属的昆仑工程公司、玉树商务总经理处、煤炭供销处、中西药房、湟中大厦、湟中电影院、昆仑大旅社、海清浴池等机构和部门。

湟中实业公司的成立，是马步芳家族官僚资本发展到巅峰状态的标志，其商业网点进一步增多，机构庞大，经营范围和购销总额也达到空前水平。据1947年湟中实业公司董事会年报称，当年进省物资总值5580万元（银元），出省物资总值8200万元，合计达13780万元，是1936年全省进出省境物资总值的6.5倍。

亦官亦商的垄断经营方式

马步芳家族兴办商业初期，即德顺昌、义源祥等商号设立和早期经营时期，虽有兼营军用物资、拥有较多特权的特点，但在市场上，大体还能与其他商号一样随行就市，保留着与其他商号平等竞争的面孔。但到了马步芳当权时期，即协和商栈、德兴海商号急剧壮大时期，这些商号打着省政府的旗号，俨然成了"公家"办的商号，处处比其他商号高出一头，再也没有了平等竞争的面孔。军阀商号赤裸裸地凭借政治、军事势力，利用官营的名义，亦官亦商，公私合一，将军政特权运用到商业领域，进行垄断式经营。而经营利润则最终被军阀集团据为己有。

亦官亦商的垄断经营方式之突出特点如下：

一是派购派销。协和商栈、德兴海商号以及后来的湟中实业公司常向下派购派销商品。如马步芳为了应付各类军用布料的急需，曾多次向商铺、省商会强行购布。1942年向商民强行购买永机布3000卷（每卷34匹），次年又向省商会强行购买河南土布5000卷，白洋布2000匹。所购布款大多不付现金，而是以残次及剩余物资如残破皮张、干角鹿茸、水湿香烟、劣质火柴、青盐等高价顶替。加上拖延时日，币值贬损，商民实得货款常常不及原值的二三成。以致外省经营布匹的客商不敢再来青海交易，市面布匹逐渐减少。

除强行购货外，强行派销残次商品的现象也不罕见。据青海省商会联合会民国三十三年（1944年）档案记载，这一年，海阳化学厂"奉主席谕"，两次将该厂所产火柴12万多包送到商会，命令商会"转发分销"。这种火柴质量不如兰州产的火柴，但价格却是后者的 1.5 倍。有的火柴擦不着，有的稍热即燃。各商铺得到强行分摊的"差份"火柴后，有的为防不测，干脆挖坑掩埋掉了事。又如 1947 年，马步芳将积压了数年的虫蛀脱毛黑、白羊皮 4 万多张作价 14 万元硬性卖给皮货行，还强令限期还款。由于还款稍有延误，皮货行负责人还被抓去关押并遭毒打，经请人说情，凑齐款项后才算罢休。之后，马步芳又将很小的胎皮 2 万多张，每张以银元 1 元的高价强卖给皮货行。这种货色无法出售，最后以每斤 1 角的价格转卖给胶房熬了皮胶。先后摊派给商民"差份"的"代销"商品还有滞销品桐油、近一半残坏的野马皮鞭、短斤少两的大黄、不能军用的鞍子等。这种派购派销即使在旧中国官僚资本中也属相当少见的蛮横经营方式。

二是挪公款用于经商。谁都知道，本钱越大，周转资金越多，做生意相对越容易。协和商栈、德兴海商号以及后来的湟中实业公司经商的资金，除来自正常的商业积累和银行支持外，还来自对工、商、矿、林、牧、渔业的强征巧取。更为霸道的是，青海省政府的税收、行政经费、教育经费（含国民政府下拨部分），以至国民政府拨给青海的专项建设经费，都经常被挪用于商业。1935年,《大公报》记者范长江考察研究了青海的时局后尖锐地指出,当时青海的"政治军事财政皆脱了正轨,本来是公的活动,转为私的经营",确实如此。这种化公为私的经营,始自马麒时代。

马麒曾将统一经理财务经济收支的总机构称为"公德堂",将公德堂账房交由其家族中人马聚业长期经营。这个账房既没有成规的一套收支制度,也谈不上什么审计和规划,一切收支由马麒说了算。几乎所有账目均以老式账簿形式记载,经马麒过目,即予销毁,经营盈亏,只向他交账了结。马麟、马步芳掌权时也沿用这种办法。尤其马步芳,总揽党政军大权后,以青海的大老板自居,全省大的开支一贯由他独自处理,无所限制,财政纪律和财政计划之类对他没有什么约束力。如草头税、课金等本来是地方财政公费收入,可是这些项目的经征不是由省财政厅或税务部门办理,而是由协和商栈和德兴海商号办理,其收益大部分转化为马步芳家族的私产。以黄金为例,其经办程序据当事人莫如志回忆是这样的:每年采金督导员将各金场收来的黄金如数上缴,由协和商栈文书股股长莫如志会同督导员与东关盛德魁商号负责人共同鉴定成色、过秤、封包,三人共同签名盖章后,暂交省政府秘书长陈显荣代存,等积攒到较大的整数时,全部送交马步芳私邸——周家泉馨庐前院,由马绳武出具收条,再由一姓郭的老人转送马步芳妻室,存入私库(即"公德堂"总库)。有人说,青海省真正的金库不是设在堂堂的中央银行或青海省银行,而是设在马步芳公馆的西厢房,并非虚言。

马步芳利用所有手段聚敛起来的官僚资本使用时也是公私不分。如1943年协和商栈收入的600万元羊毛款,经马步芳同意,拨给八十二军200万元、省建设厅100万元、大教场粮站50万元,其余由青海干部训练团、昆仑大旅社、各县粮站、省印刷局等单位先后提用。而公然将国民政府教育部拨给省教育厅的经费及国民政府民政部拨给省民政厅的救济款,及军费入了自己私库的事也屡见不鲜。省财政厅的公款往往以"上用"名义被大宗提取,由马步芳用作对私人的犒赏,或用作商业、工业企业的周转资金。1943—1945年协和商栈的羊毛款2000多万元由兰州办事处处长赵珑奉马步芳之命提出,在兰州、西安倒买黄金,将兑得的金条全部送存于馨庐公德堂私库。如此的公私不分、化公为私,与马步芳把青海军队、青海省政府统统看成马家"家业"的理念是一致的。

三是不等价交换。协和商栈、德兴海商号及其在各地的分号常常收购农牧产品，在收购皮毛前，先给藏族千、百户规定收购数量，要求到时在指点的地点交货。商栈将农牧产品的价格压得很低，而且常不付现金，多以茶、粮、布之类商品以贱抵贵，凭借权势进行不等价交换。例如20世纪40年代一包重5斤的茯茶从产地运到刚察，成本仅为2.6元左右，市场价格为5—6元，协和商栈却用它来顶100斤羊毛（市场交易价为银元30—50元）的价款。其他如斜布20方、靴子1双、青稞120斤、麦面80斤在同德县的市价各自也就是六七元左右，却被分别用于抵顶100斤羊毛的价款。各类皮张的价格也压得很低，如市场价每张1.5—3.95元的名贵紫羔皮，统制收购时只付给牧民0.8—1.5元。羊毛和皮张在验收时，被严格挑剔压级，过秤时又使用加一五的老秤，每交购100斤羊毛往往须要原毛130多斤。

四是放高利贷。德兴海商号设在各地的分号，遇到农牧民因天灾人祸生活发生困难、走投无路时，趁机放高利贷，贷放银元、粮、油、茶、布等，年利率高达25%以上，甚至有200%—300%者。还债时常实行"酌价行息"，即根据物价变动情况不断变换付息方式，怎样折价对债主有利就怎样折。债户如果不能按时还债，就以本息合计计算以后的利息。

例如互助县姚马庄贫农冯治明于1940年借了德兴海商号的7斗4升小麦，还息时遇油价涨时就折算成油，遇麦涨价时又折算成麦。到1949年初，冯治明已累计向德兴海还了15石粮食，仍没有还清欠账。对按时还不上高利贷的债户进行人身迫害也是司空见惯的事，轻则吊打，重则投入监狱。1940—1949年间，互助县60%的农户成为德兴海商号的债务人，在高利贷的剥削下，大部分农户不得温饱，而德兴海却乘人之危，大发横财，先后将这里的水地5800余亩、旱地1.2万余亩、大小牲畜6.4万余头只、房屋390余处、油磨坊27处转化为它的财产。1942—1944年，门源、大通、互助、贵德、湟源、乐都、西宁等地遭受雹灾，马步芳向灾民发给"贷粮"，利息为"借一还三"。有的农民还不起高利贷，受到关押、吊打的处罚。

五是强行借款。当协和商栈和德兴海商号资金周转不便时，除了向设在西宁的4家银行借款外，还时不时向省商会及西宁县（市）商会强行借款，商会又把所谓借款分摊到每个商民头上。银行和商界谁不怕马家的淫威？接到借款的"指示"后，丝毫不敢怠慢，即使手头再紧，也得东挪西凑按所限时日把现款拿出来，否则，不知要飞来什么横祸，被吊打、关押甚至弄死的可能性都有。曾当过协和商栈文书股股长的莫如志撰文回忆，他曾多次按马步芳、陈显荣（省政府秘书长）的授意，亲自出面办过借款。1938—1945年间，每年临时借款不下四五次。有时借银元，还法币；有时借现金，以残次滞销商品作高价抵顶。加上拖延还期，使被借款商户蒙受很大损失。这种强迫借款一直延续到1946年湟中实业银行成立才基本上停止了。

为军阀兴办的商业提供周转资金的手段还有武装走私，以及贩运军火、黄金、白银、鸦片等。

地方军阀所办商业的膨胀性发展，对青海近代商业的健康发展起了一定的破坏作用。这些官办商号违背现代商业公平竞争的原则，依靠权势实行垄断式经营，用不等价交换榨取农牧民，严重损害了人民的利益，挫伤了农牧民的生产积极性，同时压制、排挤、打击了中小民营商业。民营商户资金由大变小，经营方式由批发变零售，零售变摊贩，倒闭破产者不在少数。所以说它对青海近代商业的健康繁荣发展起了一定的破坏作用。总之，军阀所办商业鼎盛繁荣之日，就是民营商业苟延残喘之时，也是全省商业日益萧条衰落之时。

1949年8月，马氏军阀赖以存在的青海国民党军队——青海马家军被中国人民解放军消灭,以马步芳为首的军阀集团主要成员在逃离青海时,将历年搜刮财物的一部分作为遣散费发给部属,大部分被他们席卷而去,剩下的又遭到散兵乘乱哄抢。9月5日西宁解放,马步芳的资财被定性为官僚资本,中国人民解放军管制委员会将其劫后余存的全部资产依法没收并予以接管。

近代的商人
与商人组织

汉唐以来,随着青海地区丝路贸易、茶马贸易、贡赐贸易和边关互市的兴盛,许多专职或兼职的各民族商人,奔波于青海与内地之间,为满足各族人民的生产生活需求,为青海经济发展做出了积极贡献。明清特别是近代以来,随着民间贸易的发展,青海的商人队伍不断发展壮大,商帮、行会、商会等商人组织逐渐出现,并开始走上了青海商贸发展的前台。

一、山陕商帮

在青海商贸发展史上,山西、陕西籍商人的进入及其活动,有着举足轻重的地位。可以说,没有山陕商人的积极参与和努力经营,就没有近代青海商业贸易的初步繁荣。因此,介绍近代青海的商人,不能不首先提到山陕商人和山陕商帮。那么，山陕商人是何时来到青海的？山陕商帮又是怎么形成的？他们又是怎样开展贸易经营活动的呢？

先有晋益老，后有西宁城

在古城西宁，很早就流传着"先有晋益老，后有西宁城"这样一句民谣。由于西宁卫城始筑于明朝洪武十九年（1386年），而"晋益老"商号始设的准确年代不为人知，因此，这句民谣的可信度受到人们的质疑，认为它带有某种夸张的成分。我们认为，虽然有夸张成分，但是，它从另一个侧面说明，开设"晋益老"商号的山西商人，来到青海地区从事商业贸易活动的时间的确比较早。那么，山陕商人究竟是从什么时候进入青海地区经商的呢？

从史书记载看，早在明代宣德年间，明朝政府为了解决官茶的运输问题，允许内地商人往西宁等地运粮或运茶以换取盐引，此后，又长期实行招商中茶的政策。从这时起，一些山陕商人陆续来到青海，从事茶叶贩运和其他商贸活动，成为山陕商人进入青海的先声。前面所提到的"晋益老"商号，大约也就是在此前后由山西商人开设的。此外，在明代，山陕商人已成为全国商业领域的一支重要力量，其中山西商人居于全国首位，有"平阳、泽路（均为山西地名）豪商大贾甲天下，非数十万不称富"的说法。陕西商人"输粟于边塞，治盐于淮扬河东，贩布于吴越，运茶于川蜀"，与晋商旗鼓相当，不相上下，二者合称秦晋大贾或西客。而青海地区由于手工业发展滞后，很多手工业产品需要从内地输入，因此，许多山陕商人便从陕西、山西辗转贩运大量手工业品到青海，同时将青海的土特产品运往内地。由于山陕商人当中又不乏资金雄厚的巨商大贾，本地商人无力与之争锋，因此很快在青海地区站稳了脚跟。

与此同时，从明代以来，西北城镇普遍出现了以地域乡土关系相联系的商人团体——商帮。商人结帮的目的是在竞争中团结一致，共同对付其他地区的商人，正如《清稗类钞》一书所说的，"客商携货远行者，咸以同乡或同业之关系，结成团体，俗称商帮。有京帮、津帮、陕帮、山东帮、山西帮……川帮等"。身处异地他乡的山陕商人，为了能在青海的商业竞争中争得自己的一席之地，逐渐联合起来，形成了著名的山陕帮。清初，山陕商帮在青海的商贸活动已经相当活跃，如雍正年间曾总理青海"番夷"事务的清朝官员马尔泰等在给朝廷的一份奏折中说：

"查得哆坝距西宁五十多里，逼近内地，从前番夷贸易，山陕商人往来络绎俱集于此"，说明这时的山陕商帮不仅人数很多，而且商贸经营活动已经初具规模。

雍正十三年（1735年），官府垄断的茶马贸易停办后，民间贸易迅速兴起，以山陕商人为主的内地商人大量涌入青海。而本地人当中，除少数城镇居民仅"获房租代鬻之息"外，"大利咸归外省之人"。光绪年间以来，青海皮毛、药材的出口量大增，山陕商帮靠经营这些货物积累起了大量资本，羽翼逐渐丰满，经商人数和贸易总额在青海商界首屈一指，最终奠定了他们在青海商业中的主宰地位。在西宁的商业市场中，无论是绸缎布匹业、百货业、食品业、烟草业、皮货业、国药新药业，还是书籍业、照相业、染坊业、典当业、过载业等，均有山陕商人经营或在一定程度上形成垄断。即使在手工业和服务行业中，也有他们的身影。西宁城内，山陕商号密集，西宁最大的4家商号——泰源涌、世诚和、德合生、德兴旺，也是由山陕商人经营的，一些大商号还在外县设立了许多分店。

清末以来，山陕商帮逐渐受到"洋行"和新兴的官僚资本的排挤，他们在逐步减少皮毛贩运的同时，转而经营布匹、绸缎、百货、药材等。同时，由于山陕商帮人数众多，资金雄厚，其中不少商号是北京、西安、兰州等地大商号的分号，与外地商号有着长期稳定的人事和业务联系，能够根据情况变化及时调整业务，因而在官僚资本的打击排挤下，仍能顽强地维持下来。民国时期，西宁的30多家中药铺，大部分是陕西华阴的商人开设的。抗日战争时期，西宁较大的三义和、同昌玉、永盛恒、隆兴泰、天昌正、万顺源、庆泰西、忠信福、晋和祥等商号都是由山陕商帮经营的。直到中华人民共和国成立前夕，青海的多数大、中商号仍是由山陕商帮经营的。

独特的经营方式

山陕商人和山陕商帮之所以能在青海商业史上占据重要地位，与他们重视开设商号、采取灵活独特的经营方式、重视服务态度与服务质量、实行严格的学徒培训制度等是分不开的。

历史上，山陕商人就十分重视在异域他乡开设商号，并以此作为进一步发展的基础。山陕商人在青海开设的商号，大多是北京、天津、太原、西安、兰州等地的大商号开设的分号。如"晋益老"商号，总号原来在山西太原，后来在西安设立了分号，西安分号又在兰州设立了分号，兰州分号又在西宁设立了"晋益老"商号。外地的老号与青海的分号之间，常常是相互策应、联系紧密。老号发挥其在大城市业务往来面广线长、信息灵通、资金雄厚的优势，为分号采买、运输货物，支持分号发展；分号则按老号的要求，采办青海的羊毛、皮张、药材等土特产品，交运至老号发售。年终分号盘点清账后，向老号提供报表，老号从中抽取一定比例的利润。一般情况下，分号在年终向老号上报报表时，均留有相当大的折扣，这样若干年下来，分号便可积累雄厚的资金，不断扩大发展，成为可以自己派人到外地坐庄独立采买的经营实体。青海地区的许多山陕商号，就是通过这种方式，从外地进入青海，慢慢发展壮大起来的。

在开拓青海商贸市场过程中，山陕商人注意扬长避短，灵活经营。如在采购本地土特产品时，他们与当地的歇家密切合作，充分利用歇家通晓当地语言，熟悉少数民族地区的风土人情和生活习惯，了解牧区产品分布及产量质量情况等优势收购，克服了自己在语言、风土人情等方面的劣势。在运输各种商品时，山陕商人充分利用陆路、水路等多种运输方式并在青海最早利用邮局的邮车来运输货物。

在经营方式上，山陕商人以批发为主，零售次之。

从事零售的山陕商号,基本上都在商业区开设三五间、七八间不等的铺面,采取坐堂销售的办法。在销售中,他们还采取了缺笔暗记等许多独特的手法,即选用10个汉字代表一、二、三、四、五、六、七、八、九、十10个数字,用这10个汉字标示出进货的价格。这10个汉字在书写时往往不写全,形成各店各不相同的缺笔暗记。这样,既可以让伙计心中有数,又可避免外人看出,便于讨价还价。

在经营的过程中,山陕商人十分重视服务质量与服务态度。如山陕商人经营的药店,不论是比较大的"寿春德""恭信益",还是比较小的"万春堂""延龄春",都有经验丰富的业务人员从事各项经销活动。膏丹丸散的配制,从中药材进货、存放保管、晾晒、切片、炮制到包装,都有一套规范化的程序要求,质量一般可以保证。药店前堂服务人员能辨认各种生药、成药,明了药性药理,懂得药品禁忌,掌握一般常见病的辨别、用药,能够对顾客起到"小病当医生,大病当参谋"的作用,而且善于应酬顾客,热心为病人服务。各药店为了争取顾客,还在柜台外备有长条凳,柜台上有水烟瓶、油灯等物,顾客需要吸烟,店员便会点燃油灯供其引火,然后为顾客抓药。这种周到的服务,对于今天的商家仍有可借鉴之处。

此外，山陕商号还有一整套严格的学徒制度，各商号的人才培养、选拔主要通过它来进行，不少优秀的经营人才就是通过学徒的道路成长起来的。当时，到西宁各山陕商号中当学徒的青少年，一般称为"相公"，而将整个学徒期称之为"熬"相公。过去，西宁人称山陕商人为"客娃"，山陕商人喜用本籍人当学徒，因此这些学徒又被称为"尕客娃"。相公入店，要经过繁杂的手续，需要有本店的"荐头"介绍，而后拜财神，拜师，听掌柜宣布店（号）规矩，拜见店内其他同业同行，明了地位高低、名分大小，然后才被正式接纳为该店（号）的学徒。相公中也划分出森严的等级，由大相公、二相公负责其他相公的指派调教。新来的相公根本无缘立即学习商业技艺，需要干一两年的杂活，举凡炊事、洒扫、侍奉、搬运、值更等无所不包，然后才有可能向上一级发展。相公的待遇都很低，而且随时都有被解雇的可能。因此，为了保住饭碗和前途，当相公的无不小心谨慎，工作勤勉。相公一般每天要工作近18个小时，工作之余还要抓紧学习文化与商业知识，熟读默诵《百家姓》《千字文》《尺牍大全》等应用性书籍，反复练习毛笔字，学习各种记账方法，直至能够熟练应用。由于经过了严格的训练，相公出身的商人，经过三五年的磨炼，业务能力都很强，无论书写还是珠、口、心算都得心应手，符合经商的程式规范。而且，这些人都兼有一手炊事本领，生活上能照料自己及旁人。正是由于有了这样一整套严格的学徒制度，不断维系着山陕商帮的生存，支撑着山陕商帮的经营优势。

山陕会馆

清末以来，随着山陕商人数量和经营规模的不断扩大，山陕商帮在青海社会生活中的影响和地位逐步提高。山陕商人深感需要有一个理想的场所，以便他们加强彼此之间的联系，更加有效地抵御和防范本地各种社会势力的挤压，稳固地发展经商事业。于是山陕会馆便应运而生。

清朝光绪十四年（1888年），山陕商人自筹资金，在西宁东门外（今东关大街北侧原东关百货商店和大众旅社基址）兴建了山陕会馆。该馆于光绪二十一年（1895年）农历七月毁于战火。光绪二十六年（1900年），山陕商人再次集资，在西宁后街（今兴隆巷与新民街口）购得一块地皮重建了山陕会馆。新会馆坐北朝南，占地较广，规划合理，建有山门、钟楼、鼓台、戏台、香厅、三义楼、大殿、四合头大院等，是当时西宁城内的一处胜景。其中大殿为会馆的正殿,方砖铺地、花砖饰墙,雕梁画栋,颇显雄伟壮观。由于殿内供奉着关羽之像,民间又称该殿为"关帝殿"。四合头大院是每逢聚会时办事接洽的地方,平时还酌情开放房屋数间,以便于各商号交换行情,洽谈生意。会馆内还建有禅房一院,供看守会馆的方丈等人居住。此外,会馆在西宁城中区中南关南侧的台地上购有墓地一块,在青海的山陕商人或家属亡故后,暂时不能移厝返乡的,均停柩于此,待日后寻机迁回原籍。后来人们称这里为"山陕台"或"山陕遗地"。同时,会馆还在东郊曹家寨一带购有"香粮地"数十亩,全部租给当地的农民耕种,所收的地租,供看守会馆、遗地的方丈及一干人平时食用。

会馆的活动经费,由各商号自愿捐献。一般来说,各商号均根据自己的资金规模和经营收益多寡量力捐助。资金多、生意好的自然在会馆里的地位就高。会馆的会头,经公推由各大山陕商号的东家轮流担任。1929年青海建省前,山陕会馆内有16家商号的经理为会首。西宁的商业市场,完全操纵在这些会馆会首手中。这些会首又分为内外两帮,加入会馆的称为内帮,没有加入会馆的称为外帮。内帮商号每家名义上要交会馆本银24两,但实际上本银存在原商号,只按本银数每月交纳二分半的利息,作为会馆的经费。而会馆内的布施收入、维修粉饰、聚会开支、日常用度以及剩余银钱的投资取利等都由方丈主持。

每年的元宵节、财神会(农历七月二十二日)和中秋节,在西宁地区的山陕商人以及与山陕商帮有业务往来的商号的代表,齐聚于山陕会馆,举办一些例行的活动。如来会馆聚会的商人们,按到达的次序叩拜关帝、上香、布施。之后,由会馆设宴款待各商号掌柜和代表。宴席结束后,会馆公布收支项目。最后,来宾和来会馆游玩的市民一起观看文艺演出。会馆的文艺演出长年不断,形式丰富。如1921年"山西班"在会馆戏台演出蒲剧,1937年请兰州"王氏小剧团"演出抗战新剧,开本地风气之先。至于秦腔戏班的演出,更是家常便饭。频繁的文艺演出,不仅成为会馆吸引人的一个重要项目,而且也极大地丰富了当时西宁市民的文化生活。山陕会馆每年的这些例行活动,对于增进山陕客商间的感情,交流行情信息,促进贸易发展,也起到了非常重要的作用。

二、本地商人

明末清初,随着青海地区官营茶马贸易的衰落和民间贸易的兴盛,青海籍商人也逐步成长起来。据康熙年间成书的《秦边纪略》记载,西宁城东一带既是商业区又是本地回族聚居的地方,"回回皆拥资为商贾"。在多巴市场上,还有汉、回、藏、撒拉、土、蒙古等民族的商人。此外,由民族贸易中的牙侩、通事转化而来的歇家,在青海商业领域崭露头角。近代以来,本地商人队伍不断发展壮大,特别是1929年青海建省后,本地商人在人数上超过了外地商人,而且也涌现出了许多著名的商人和比较大的商号,如湟源商人李耀庭、西宁廖氏三兄弟及裕丰昶商号等,都是这一时期本地商人和商号的典型代表。但是,从经济实力上讲,直到青海解放时,外省籍商人仍占绝对优势。

居间商人——歇家

"歇家"这一称呼最早出现于明代,最初主要是指为往来的商人和蒙藏群众提供歇息住所的店家。当时,由于歇家在商业发展中所起的作用很小,所以明代的文献中几乎很少提到他们。

清朝初期，在贵德、循化等藏族聚居的地方逐渐出现了一些歇家。他们一方面代表当地的藏族群众承应官府的差事，另一方面又代表官府在藏族地区催纳粮赋、征调徭役。他们虽不是官府里正式的差役，但却又充当着差役的角色。清乾隆年间（1736—1795年），歇家除了承应官府的差役外，又利用他们通晓藏语的特长，经常充当通事（即翻译）的角色。正如当时编修的《循化志》所记载的那样，当地"又有歇家者，以内地汉、回民充之，如内地之里书、图差，催纳粮赋，征调徭役，皆歇家主之，词讼亦以歇家通语"。此后，随着青海民族贸易的发展，歇家的身份和职能也慢慢发生变化，逐渐发展成为一种集货栈店主、商业经纪人、牙侩、翻译身份为一体的居间商人。牧区的蒙古族、藏族牧民往往将皮毛交于他们转售给外地商人，外地商人也常常委托他们代购皮毛。他们一般没有正式的招牌，但各自有一些熟识的蒙古族、藏族牧民为固定的主顾，蒙古族、藏族牧民前来贸易，即歇脚于其家。而且，歇家也有官、私之分，在官府领照备案的为官歇家，回、汉、蒙古、藏等族都可以报官充任；没有在官府领照备案的为私歇家。

嘉庆（1796—1820年）以来，歇家迎来了发展的辉煌时期。这时，不仅西宁、循化、丹噶尔、贵德、大通等地都有歇家，而且歇家的户数也较以前有了增加。道光二年（1822年），西宁城内注册的蒙古族歇家有18家，藏族歇家有21家，土族歇家有4家，总计43家。民族贸易十分兴盛的丹噶尔，也有50多家歇家。道光年间（1821—1850年），蒙藏两族之间的草场纠纷升级后，有的歇家唯利是图，乘机销售违禁物品，扰乱民族贸易。陕甘总督那彦成对歇家进行了整顿，将山口小路开设的私歇家一律查禁，将为首者发边充军。各地的歇家无论官、私，一律重新登记，由官府经营。此外，还设立了循环印簿制，严加稽查。道光末年以后，歇家发展趋于衰落。

19世纪末20世纪初，以收购羊毛为主的洋商势力开始涉足青海，并在青海各地设立了许多洋行。由于语言等方面的障碍，洋行直接从牧区收购皮毛很困难，因此，多通过歇家这一中间人开展业务。最常见的做法是：歇家与洋行订立合同，从洋行领取预付的部分货款，此后，不论歇家以何种价格进行收购，都按议定条款向洋行交货。货物按期运交后，洋行付给全部货款，并给歇家一定的报酬。久而久之，这些歇家由原来民族贸易的中间人逐渐变成了洋行的买办。当时，每个歇家都建有很大的院落，以备牧民居住、堆放货物和饲养牛马之用。牧民不论居住多长时间，食宿免费。而且歇家之间也有许多不成文的行规，如牧民驮运来的皮毛，除零星出售极少一部分外，全部卖给自己住处的歇家，其他歇家不能过问；歇家买进卖出羊毛，都按"吉下"价格（即歇家们共同商定的价格）计算，不得增加或减少。歇家队伍也是良莠不齐，有职业道德不好的歇家收购羊毛皮张时，常利用牧民不了解行情的情况，愚弄欺骗牧民，还采用买进时压秤、卖出时灌水掺沙等手段牟利；给牧民出售生活用品时，也常以次充好、克扣斤两。许多歇家通过居间贸易，发家致富，拥资巨万，交结官府，跻身于名流缙绅。

民国初，当地政府开始向歇家征收领照税。此后，西宁办事长官下令更换歇家执照。由于收取的费用太高，歇家纷纷将旧执照交回，对歇家的管理制度无形中作废。但原来的歇家仍然凭借旧有的关系，操纵着皮毛市场。第一次世界大战爆发后，青海的许多洋行陆续撤走，有些歇家直接将皮毛运到天津出售。皮毛统制后，多数歇家歇业，少数转而为官僚资本商号协和商栈代购皮毛。到1949年青海解放时，歇家已经完全退出了青海的商业舞台。

歇家是市场经济欠发达的条件下西北民族贸易

发展的特殊产物，是青海商人队伍中的特殊阶层。虽然歇家曾有走私违禁物品等劣迹，部分歇家有时也有欺诈蒙藏群众以牟取不正当利益的行为，但从总体上看，歇家为繁荣青海民族贸易做出了其他人不可替代的积极贡献，其在青海商业史上的地位还是值得我们充分肯定的。

河湟巨商李耀庭

李耀庭，字献臣，湟源县人，1868年出生于湟源县李大村小南庄，父母均为勤劳朴实的农民。10岁时，父母先后去世，无依无靠，以做"刁郎"（小本经营者经纪人）为生。14岁时，经人介绍，在丹噶尔城内的"乾泰永"商号当伙计。两三年后，既能记账算账，又能初步掌握生意行情。后转到四川松潘茂州商人柳掌柜处经营生意，逐渐显露出经商才能。后来，他自起炉灶，专门经营皮毛生意，成为一名居间贸易的歇家。到1895年时，李耀庭已是丹噶尔商界大名鼎鼎的首富，拥资百万，时人称之为李百万。

李耀庭经商致富后，深感要在动荡的社会中立足，必须要有政治依靠，因此，积极投靠权宦。起初，他倾心结交西北回族军阀中的实力人物马福祥，为其奔走效劳。1912年马麒出任西宁镇总兵后，李耀庭积极投靠，很快又成了马麒的座上客。在此后的几十年中，李耀庭在政治上积极投靠马氏家族，为维护马氏家族在青海的统治尽心竭力。如在排挤青海办事长官廉兴的事件中，马麒派李耀庭深入牧区，四处游说，联合蒙藏王公千百户，分别前往兰州控告廉兴，促使北京政府将廉兴革职。事后，马麒委任李耀庭为湟源粮茶局局长，并将1916年青海全省牧区的草头税（即按牲畜头数一年纳一次税，数量很大，为青海税收重要来源）一次性承包给李耀庭，使李耀庭大发横财，获利20多万银元。1935年7月，马步芳派兵堵截北上抗日途经青海果洛地区的中国工农红军二、四方面军时，李耀庭也组织了500人的民团，进驻拉加寺，参加堵截。1936年，马步芳派兵围攻西进河西走廊的红西路军时，李耀庭组编了一个800人的骑兵团，开赴河西走廊地区，配合青马军作战。

李耀庭投靠马氏家族后，依仗马家的权势，积极扩大商业经营规模，陆续在西藏、果洛、玉树、湟源、西宁、天津等地设立了商号，除了用青海的皮毛和土特产换取内地的工业产品外，还同西藏地区开展贸易。此外，李耀庭还伙同湟源地区的歇家，凭借官府的权势，极力垄断全省皮毛生意，从中牟取暴利。

综观李耀庭经商生涯，其经营的特点是，不合股，不联营，自立门户，事权归一。在经商过程中，李耀庭充分利用他精通藏语的特长，广泛联系蒙藏王公千百户，取得他们的信任，并请他们协助收购羊毛皮张。李耀庭非常重视搜集商业信息，及时掌握市场行情。当时，青海通信设备落后，信息十分闭塞，而在整个商界中，只有李耀庭装有一部电话，信息最灵。他结交广泛，能及时了解国内外政局变化，善于从中捕捉商机。如第一次世界大战结束后，当他得知已撤离湟源的洋行又将返回时，以每百斤四五块银元的低价迅速收购羊毛50多万斤，此后，羊毛价格大幅上涨，等到李耀庭发往天津时，每百斤已涨到40多元，仅此一项，即获利20余万元。

1931年，马麒去世后，李耀庭在政治上失去了依靠，经济上失去了保障。加之李耀庭这时已年老体衰，便闭门谢客，过起了寓公生活，直至1940年9月病故。

廖氏三兄弟和"裕丰昶"商号

20世纪三四十年代，西宁廖氏三兄弟——廖祥麟（彤云）、廖书麟（玉堂）、廖瑞麟（霭庭）经营的"裕丰昶"商号异军突起，成为一家由本地商人开办的经济实力雄厚的民营商业企业，在青海商业史上占有一席之地。

说起西宁民营商人之佼佼者廖氏三兄弟的发家，不能不追溯到他们的父亲廖裕禄开设"裕后长"商号。廖裕禄年轻时曾在西宁"积厚长"商号习商，继而被派往湟中县大才乡分店负责。该商号停业后，做起货郎摊贩。光绪十九年（1893年），以制钱100贯的资本在西宁南大街开了两间连家铺，号名"裕后长"（光前裕后的意思），经营茶、布等日用品。由于经营讲究物美价廉、结实耐用，加之服务周到，生意日渐兴隆，经营规模不断扩大。到1922年廖裕禄将店务交给其3个儿子掌管时，"裕后长"已发展成为一家有6000两白银流动资金的零售商店。此时，廖祥麟21岁，廖书麟17岁、廖瑞麟15岁。

从1923年起，廖氏三兄弟以"裕后长"为总商号，积极扩充发展业务。他们先与同乡合资在黉学街开设了联号"裕兴昌"，随后又在湟中县祁家川独资开设了"裕后长"分店。第二年，在东大街与同乡合资开设了"永盛懋"商号。1926年，与陕商合资开设"义丰祥"染坊。1927年，与陕商合资开设"裕丰昶"批发商店。1930年，先后又在西宁观门街口与同乡合伙开设"义顺祥"布匹店，在东大街与陕商合伙开设"西顺和"绸缎店，在小新街开设"鼎泰和"西药店，业务范围不断扩大。1932年，廖氏三兄弟认真总结历年经营得失教训，提出了进中求稳，在提高经营管理上下一番功夫的目标。第二年，廖霭庭奉派去南方商埠学习外地大商号的经营策略和管理经验。廖霭庭回到西宁后，兄弟三人为了统一领导，集中力量，把分散经营改为集中经营，将"裕后长"并入"裕兴昌"，分内外两柜，内柜批发，外柜零售，各自独立核算，完善了经营机构，扩大了业务范围。1935年，廖氏三兄弟又利用陕西凤翔得天独厚的水质及西府盛产高粱的有利条件，在柳林铺与陕商合资开设了"裕丰酒店"，酿造有名的西凤酒，并在西安独资开设"裕丰花庄""裕丰茶庄"。同年，在湟中小南川与同乡合资开设了"裕顺永"商店。1937年，廖氏兄弟在湟源与同乡开设了"裕恒昶"批零商店，与陕商合资开设了"宏利涌"皮毛商店，专营民族用品。1938年，在西宁与晋帮商人先后合资开设了"日兴昌"批发店、"荣聚兴"食品店。到这时，廖氏三兄弟的经营资金已经超过了百万银元，被人们称为"廖百万"，经营的范围也从以茶、布为主扩展到了皮马褂、干鹿角、牛马尾、猪鬃、野牲皮张等农、牧、副产品以及各种民族用品、工业品,而且在汉口、天津、成都、兰州设有庄口,省内业务也由西宁延伸到了湟源、贵德、互助、湟中、大通、门源、共和、同仁等县,"裕丰昶"也成为青海最大的商号之一。

廖氏三兄弟之所以能在很短的时间内积累起巨额商业资本,创造出可观的商业经营业绩,与他们独特的经营方式和经营理念有关。如在创业的初期,廖氏三兄弟把茶、布作为经营的龙头,在农村设点布店的同时,通过赊销商品、资助资金、主动让利等方式,与省内外1000多户小商贩建立了稳定的业务关系,把小商贩变成了商号经营活动的一支力量,为廖氏三兄弟向牧区和省外扩展业务奠定了坚实的基础。马步芳对羊毛、药材等实行统购统销后,他们做民族特需商品、猪鬃等不引人注目的小生意,积小成大,收到了"搞活小生意、带动大买卖"的效果。此外,廖氏三兄弟十分注重信誉,常讲"买卖不成仁义在",而且在经营过程中身体力行地贯彻"人情即商情,经商要知情""贸易需互惠,一手托两家""要卖好,先买好""以优取胜,以新取胜"等经营理念,采取"架上不存连日货""囤滞卖快"等经营方法,赢得了客户,赢得了市场。

1937年以后,随着国内抗日战争的爆发和马氏官僚资本商业的膨胀性发展，民族商业不断遭到打击和迫害。廖氏三兄弟为了在恶劣的环境中求得生存和发展，制定了保住性命、分散财力的策略。1937年，廖氏三兄弟在甘肃山丹县大马营滩创建了第一裕丰牧场（1942年迁至青海祁连县俄博牧场），后来又在青海刚察县开办了第二裕丰牧场，而且不惜高价先后从国内外引进优良种畜，准备环境允许时改良牲畜，图谋更大发展。1941年廖氏三兄弟在陕西三原投资开办了"富民棉毛纺织染厂"，生产方格毛毯、斜纹布、平布。不料此时廖书麟壮年早逝，给廖氏的事业发展造成了巨大损失。此后，廖氏的一切商务由廖瑞麟负责，并将"裕兴昌"商号改名为"裕丰昶"。由于当时的捐税日益繁重，法币急剧贬值，廖氏兄弟的处境每况愈下，只得惨淡经营，保本图存。

抗战胜利后，廖祥麟、廖瑞麟及时改变经营策略，集中专营茶、布。廖祥麟亲赴湖南安化收购优质茶叶，选择技术精良作坊，仿效甘肃马合盛制茶工艺，加工色浓味香的"裕丰"茯砖茶。又派人在湖北云梦县收购提花府布，同时向汉口发运战时贮存的猪鬃、野牲皮张、干鹿角、牛马尾等。由于裕丰茯砖和提花府布质优价廉，货到即销售一空，特别是裕丰茯砖，质地优良，畅销青海全省，使"裕丰昶"商号的经营有了很大起色。但是，没过多久，国民党反人民内战升级，国内货币贬值不断升级，交通不畅，加之马氏官僚资本在省内对获利大的商品统购统销，对人们日常生活必需品实行专营，对商业对手实行限价等政策，廖氏兄弟的经营活动受到严重影响，各地的分支机构纷纷倒闭,最后仅剩西宁"裕丰昶"总号、"荣聚兴"食品店,祁连、刚察的两个牧场,勉强维持。

1949年青海解放后，廖祥麟、廖瑞麟积极拥护中国共产党的领导，坚决走社会主义道路，并在党和人民政府的支持下兴办地方工业，为青海经济建设做出了积极贡献。后来廖瑞麟（霭庭）曾经任青海省政协副主席。

三、商人同业组织

商人同业组织是适应商业发展需要而产生的，主要有行会、商会、同业公会等。其中行会历史悠久，早在隋唐时就在我国的一些城市中出现了，明清时十分发达，鸦片战争后逐渐衰落。商会是清朝末年才在一些工商业比较发达的城市中开始设立的，出现的时间比较晚。同业公会是由行会改组演化而来的，他们之间是前后相承的关系。青海的商业经济发展虽然比内地落后，但在清代时也出现了一些行会组织。20世纪以来，随着经济的发展和商人数量的不断增加，商会、同业公会等商人同业组织也逐渐出现在了青海的商贸舞台上。

商会

清宣统三年（1911年）4月，甘肃省西宁府商务会成立，成为青海商业史上最早的一个商会组织。民国二年（1913年）8月，大通县商会成立。此后，贵德、乐都、湟源、循化、化隆、互助、同仁、门源、湟中等县的商会也相继成立。各县的商会从规模大小上说，首推湟源县商会。从组织构成上说，各县大同小异，一般设会长（有的叫主席，后来统称理事长）一人，会董（后来改称理事、监事）数人至十数人。在商业比较集中的集镇，如民和县的马营、大石垒，乐都区的高庙、瞿昙，湟中县的多巴、上五庄等，还设有商会分会（有的叫事务所）。

各县的商会相继成立后，入会的商号不断增加，组织机构也相应发生了一些变化。如西宁府商务会成立之初，除设有会长1人外，还有会计1人，会差2人，委员若干人。1920年，西宁府商务会的组织机构进一步扩大，分别设立理事会和监事会，理事会商讨并决定重大问题，监事会负责检查收支账目。商会的经费，除了入会的商号所交金银利息外，各商号每季度还要交纳一定会费。1931年，西宁府商务会改称西宁县商会。1946年，西宁撤县改市后，西宁县商会相应地改称为西宁市商会。

1941年，"青海全省商会联合会"在西宁成立，下设理事会、监事会和事务所，会址设在山陕会馆内的财神殿。理事会设理事长1人，常务理事4人，理事14人，第一任理事长为西宁"德盛魁"商号经理赵文翰；监事会设常务监事1人，监事6人；事务所有秘书、会计主任、会计员等若干人。全省商会联合会成立后，西宁、湟源、民和、互助、乐都等11个县的商会成为它的下属机构。从全省商会联合会成立时制定的章程看，当时省商会的主要任务有以下几项：筹议工商之改良及发展；关于工商业之征询及通报；国际及省际贸易之介绍及辅导；工商业之调处及公断；工商业之统计调查编纂；商业市场之维持及管制；工商事业之建议等。

青海全省商会联合会成立后不久，军阀马步芳和地方官僚资本即开始插足商会事务。1943年，马步芳借口向省商会派购的5000卷河南土布未能按期交齐，以"吸食鸦片罪"将理事长赵文翰逮捕，随后发布训令将其撤职，并解散了原理事会、监事会，指派"协和商栈"经理吴垠为省商会理事长，"德兴海"的负责人马逢鳌、"德顺昌"的赵承元等人担任常务理事、理事和常务监事等职务，完全控制了省商会。从此以后，省商会所发挥的职能作用逐渐偏离了最初的宗旨，不仅没有起到反封建官府压迫、保护同行利益的作用，反而被马步芳政权操纵控制，成了秉承地方政府旨意向工商业者征调徭役和科派贷款，向所属商户分摊、收缴各种名目繁多的捐税的工具。

此外，由于当时的工、商没有明确的界限，不少手工业者亦工亦商，所以商会和工会时分时合，部分属于商业、饮食服务业范畴的小型饭店、理发店、牙行等也归工会管理。到了后来，工会慢慢成了商会的组成部分，省总工会承担的"差务"，包括在商会的份额之内，各县手工业者的"差务"，也由县商会负责摊派和征收。

行会和同业公会

青海的行会组织最早出现于清代商业、手工业较为发达的西宁、湟源等城镇。当时,在这些城镇中形成了许多行业,如青皮行(蔬菜、水果)、绸缎布匹行、番货行(少数民族用品)、饮食行、骡马行等。当地地方政府为了加强对市场的管理和对工商业者捐税的征收,规定一些重要的行业如粮食斗行、羊毛秤行、当铺、过载业、歇家等,必须向官府领取"行帖",定期交纳帖费后,方能经营。在当时的管理制度下,有的全行业共领一张行帖,经营者一次固定,成为不许他人插足的世袭经营者。如乾隆四年(1739年),西宁道佥事杨应琚、西宁知县靳梦麟在西宁城内和东关设了3处粮面市场,规定所有的粮面交易都在市场中进行,指定了16家粮牙(城内8家、东关8家),负责介绍交易和量升,并由西宁道呈请户部发给部帖一张,帖的背面写着16家粮牙的姓名和各自负责交易的村庄,"各接各客,不得紊乱"。此外,16家公推一人为行头,称为"首爷",负责领导和管理。16家粮牙子孙世袭,叫作"斗行"。又如清代末年,湟源的羊毛交易兴盛时,西宁办事大臣衙门特制大小两种杆秤,指定专人,发给羊毛秤行行帖,规定所有的羊毛交易必须由秤行用官秤过秤后方为有效。秤行在交易中收取佣金,并定期向官府交纳例捐。秤行行帖由行头保管,其成员报酬按股(共10股)分配,子孙世袭。斗行、秤行等世袭的行业，个人的股权可以全部或部分转让、出卖或出租。由于子孙分家，许多家共同拥有一股的现象很普遍。另外，在部分手工业和服务性行业，虽然没有行会组织，但设有行头，主要任务是官府调用工人时，由其轮流调派。总的来说，这时的行会是在政府的参与下形成的，组织比较松散，而且具有很强的封闭性、排外性和垄断性，对商业经济发展所起的消极作用比较大。

1929年，青海建省后，行帖的世袭制度被废除，斗行、秤行及各类牙行逐渐遍及各县的县城、集镇，一些行业的行会组织也陆续成立起来。与此同时，国民党政府公布了《工商同业公会法》，规定所有工商同业组织都改成同业公会。从这时开始，青海各地的行会组织也逐渐改成了同业公会，而且，随着各地商会组织的建立，成为商会下属的组织。1939年，西宁县商会之下有过载、蒙藏器具、藏货、运输、绸布、西药、书籍、南北货、皮货9个商业同业公会及鞍鞴、服装、制革3个工业同业公会。当时，这些同业公会的主要任务是负责会员商品的共同购入、保管、运输及其他必要的设施，负责会员营业的统制、指导、调查研究、统计等。

1944年，青海全省商会联合会对省垣西宁的同业公会进行整理,并重新登记。到 1945 年时,西宁地区的商业同业公会有 14 个,分别是国药业、新药业、皮货业、书籍业、染坊业、照相业、水烟业、纸烟业、过载业、食品业、绸缎业、布匹业、百货业、摊子业。此外,省工会联合会下属的手工业和服务性行业的同业公会多达 26 个。这些同业公会的出现,对于活跃市场、促进商贸发展起到了积极的作用。①

四、经营管理方式

近代以来,随着青海地区商业经营者人数的不断增加,特别是经济实力雄厚的商号的增多,经商者之间竞争也日益激烈,加之这时候青海商业界与内地的商业往来和信息交流不断增加,一些内地大商号设在青海的分号,为了在竞争中立于不败之地,陆续从内地引入了资本主义商业的一些经营管理办法,使近代青海的商业经营逐渐出现了一些资本主义的因素。

在人事管理方面,许多商号逐步采用了聘用制

---

① 参见崔永红、张得祖、杜常顺主编:《青海通史》,西宁:青海人民出版社,1999 年,682 页。

度，出资方——东家不光聘用经理（或称为掌柜）作为代理人对商号进行经营管理，而且商号的店员也实行雇聘制，有的商号还雇佣勤杂、炊事人员。

在业务管理方面，一些商号建立了财务会计制度、工资制度等。店员一般实行年薪制，一年的工资由几十元到几百元不等。而且一般店员的工资事先不确定具体数目，到年底由经理决定。有的虽已事先讲好，但数目很少，年终时，经理根据店员的表现，用"馈赠"的名义或"暗塞"的方式，分别发给"奖金"。

有的商号还建立了近现代的劳动生活管理制度和福利制度。如以经营布匹、绸缎、鞋帽、百货和代销北京同仁堂中成药为主的"庆盛西"号，是兰州庆盛和商店（北京永盛和参茸中药店的分号）在西宁的分号，不仅制定有比较严格的铺规，而且规定店员和学徒的医疗费用由商号负担，还可以每三年享受一次探亲假，在家居住半年，途中的住宿、雇车费用由商号支付。学徒做衣服用的布料由商号按成本价供给。

在资金管理和利润的分配方式上，采用了股份制形式。有些商号的利润分配，在提取公积金后，采取"人钱各半"的原则，即资本占一半，顶股份的人包括在店的东家占一半的原则进行分配。有些商号对一些虽然没有投入资金，但工作努力、工龄在10年以上、得到资方器重的店员实行人力股份制，即用人力顶一厘或几厘股份，成为"小掌柜"，平时不领工资，年终分取红利。

经营技术上，也呈现出进货渠道多、进货速度快、进货办法灵活等特点。如进货时以多利、好销为原则，进货数量一般以上年销售数量为基数，根据市场变化不断调整。大路货商品采取细水长流、随进随销的办法，紧俏商品采取抢购、多购、独卖的办法，对零星小商品采取勤进、少进、多样的办法。进货时采用派人选购、函购、联号代购等形式，销售大多数时候采取门市销售、送货上门、函售、代客加工等方式，并时不时地在竞争中采用明码标价、保退保换或降价、送奖券、彩票、赠品等办法。

尽管近代青海商业经营中资本主义的因素在不断增加，但在封闭的半殖民地半封建社会条件下，商业经营的大环境并没有发生大的变化。不论是本地商人，还是外地商人，都是由封建社会的民间商人转化而来的，他们虽然采取了一些资本主义的经营管理办法，但仍然保留了比较多的封建商业经营方式，仍然具有非常浓厚的封建色彩。如商号内部各类人员中，仍有明显的等级。东家、掌柜是主子，记账先生、外地坐庄人员、门市主要销售人员的地位比较高,伙计、后司人员、学徒的地位低下。几乎所有的商号都实行学徒制,学徒没有工资,一般按照"进门四两银"的例规,在三年学徒期间,除商号供给食宿外,每年只给4两银子的零花钱,其他费用完全自理,基本上没有福利。未"满师"的学徒,在工作之余还要为东家、掌柜和高等店员干勤杂活,忍受他们的驱使、打骂。

主要参考文献

1. 崔永红、张得祖、杜常顺主编:《青海通史》,西宁:青海人民出版社,1999年。

2. 周伟洲:《吐谷浑史》,银川:宁夏人民出版社,1985年。

3. 周伟洲编:《吐谷浑资料辑录》,西宁:青海人民出版社,1992年。

4. 祝启源:《唃厮啰——宋代藏族政权》,西宁:青海人民出版社,1988年。

5. 王昱主编:《青海方志资料类编》(上下册),西宁:青海人民出版社,1988年。

6. 崔永红:《青海经济史》(古代卷),西宁:青海人民出版社,1998年。

7. 翟松天:《青海经济史》(近代卷),西宁:青海人民出版社,1998年。

8. 谢桂华等编:《居延汉简释文合校》,北京:文物出版社，1987年。

9. 杨建新、卢苇：《丝绸之路》，兰州：甘肃人民出版社，1988年。

10. 尹伟先：《明代藏族史研究》，北京：民族出版社，2000年。

11. 汪圣铎：《中国钱币史话》，北京：中华书局，1998年。

12. 韩应选、钟树棠、李慧主编：《西宁商业史略》，北京：中国商业出版社，1991年。

13. 青海省志编纂委员会编：《青海历史纪要》，西宁：青海人民出版社，1987年。

14. 青海省地方志编纂委员会编：《青海省志·商业志》，西宁：青海人民出版社，1993年。

15. 周伟洲：《古青海路考》，《西北大学学报》1982年第1期。

16. 贺勋：《河湟巨商李耀庭》，载《青海文史资料选辑》第17辑。

17. 崔永红：《丝绸之路青海道史》，西宁：青海人民出版社，2021年。

后记

　　这本小册子是我和青海省社会科学院文史研究所同事张生寅同志于2003年草撰的，原属《青海史话》中的一本。《青海史话》系列丛书曾经获得省级哲学社会科学三等奖。2022年3月，承蒙青海省地方志编纂委员会办公室主任杨松义、青海人民出版社副总编辑戴发旺二位先生的厚爱，将原《青海史话》中的7本书列入省地方志编纂委员会办公室和青海人民出版社共同策划的《走进青海历史文化丛书》第一批选题之中，这本《商贸互市》也在其中。丛书的定位是"大众普及类历史文化读物"，策划方要求作者对原书文字进行再加工、再提高，进一步订正史实，核查原文和出处，认真校核，确保舛误彻底清零。要以坚实的学术研究作支撑，大体遵循地方志寓褒贬于叙事之中的笔法，尽可能照顾大众的阅读旨趣，写得比较活泼一些、可读性强一些。遵照要求，我们对原书文字进行了认真加工修改，增加了 3 万余字的内容（其中以中西贸易、茶马互市的内容增加较多），特别是增添了许多注释。这样一来，我们感觉这本书的学术性有了一定程度的提升，基本符合对原书文字进行再加工、再提高的要求。修订过程中，我先动手添加内容，张生寅同志进行复查，并作进一步修改提高，最后由我审阅定稿。

崔永红

2022 年 6 月